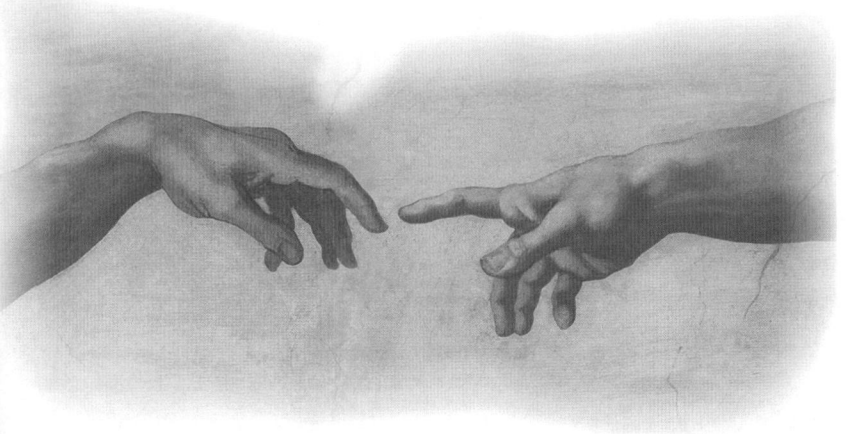

graça ensandecida

adoradores no território acadêmico

GILBERTO ARAUJO

Todos os direitos deste livro são reservados pela Editora Quatro Ventos.

Editora Quatro Ventos
Rua Liberato Carvalho Leite, 86
(11) 3230-2378
(11) 3746-9700

Proibida a reprodução por quaisquer meios, salvo em breves citações, com indicação da fonte.

Todas as citações bíblicas e de terceiros foram adaptadas segundo o Acordo Ortográfico da Língua Portuguesa, assinado em 1990, em vigor desde janeiro de 2009.

Diretor executivo: Renan Menezes
Editora responsável: Sarah Lucchini
Equipe Editorial:
Ariela Oliveira
Paula de Luna
Gabriela Vicente
Revisão: Erika Alonso
Diagramação: Vivian de Luna
Capa: Andrey Galloso

Todo o conteúdo aqui publicado é de inteira responsabilidade do autor.

Todas as citações bíblicas foram extraídas da King James Atualizada, salvo indicação em contrário.

Citações extraídas do *site https://bibliaportugues.com/kja/*. Acesso em outubro de 2019.

1ª Edição: Dezembro 2019

Ficha catalográfica elaborada por Geyse Maria Almeida Costa de Carvalho – CRB 11/973

A663g Araujo, Gilberto

Graça ensandecida: adoradores no território
acadêmico / Gilberto Araujo – São Paulo: Quatro ventos, 2019.
256 p

ISBN: 978-85-54167-28-8

1. Religião. 2. Deus. 3. Crescimento espiritual.　　CDD 207
I. Título.　　CDU 27-1

sumário

INTRODUÇÃO 15

1. Não sois máquinas, homens é que sois! .. 25

2. Um profundo vazio chamado hiato 49

3. Violentamente pacífico 73

4. Ousando fazer a diferença 97

5. Graça ensandecida 129

6. Adoradores no território acadêmico 155

7. Modeladores culturais 177

8. Transformando lágrimas em salmos 201

9. O lugar de domínio 231

10. A educação é um messias social 241

dedicatória

Diariamente, recebo incontáveis *e-mails* e mensagens de servidores públicos, professores, engenheiros, dentistas, médicos, juristas, bibliotecários e outros profissionais das mais diversas áreas do saber humano que generosamente agradecem porque, direta ou indiretamente, foram influenciados a estudar por meio do contato com meu ministério.

Com isso, dedico este livro aos milhares de jovens que foram ativados a encontrar, na educação, um motivo para reconstruir a rota de suas vidas. Assim, adquirindo dignidade social, possibilitando a devolução de honra ao ambiente familiar e uma bússola para seus destinos profissionais, tornando-se agentes do Reino de Deus, primeiro em suas universidades, depois nas mais diversas áreas da sociedade.

Nesta última década, entreguei minha vida para influenciar uma geração de jovens a mergulhar no estudo acadêmico. E diante das impossibilidades sociais que enfrentei na infância e na adolescência, sinto-me extremamente privilegiado por viver nessa rota de retorno de honra através do Reino de Deus. Isso é um fenômeno chamado Graça!

agradecimentos

Em primeiro lugar, agradeço a Deus pelo privilégio de confiar a mim um ministério tão diferenciado, levando minha voz a lugares escuros, onde geralmente a fé não é apreciada, e, com isso, dando-me a honra de ser um tradutor da Sala do Trono em ambientes predominantemente ateístas humanistas.

Agradeço às minhas meninas, à minha mãe Vera Lucia, às minhas irmãs Dayane e Dayara, e aos mais novos presentes que recebi dos céus, meus sobrinhos Deborazinha e Luquinhas. Amo vocês!

Agradeço ao meu time sênior do Fire Universitário, que, há anos, desbrava comigo os territórios mais eruditos do nosso tempo, transformando lágrimas em salmos e marcando uma geração de acadêmicos. Este livro é sobre nossa identidade e o legado da nossa jornada. Amo vocês!

Por fim, agradeço aos meus preciosos pastores, Paulo e Marcia Cassimiro, que me apascentam com imerecido amor, profetizando vida com ousadia quando os inimigos da minha alma me intimidavam nas temporadas de cansaço. Amo vocês!

prefácio

É inquestionável que as universidades tenham um papel fundamental na construção do futuro e da cultura de uma nação. Por mais que, atualmente, alguns optem por outros caminhos rumo ao sucesso profissional e à realização pessoal, grande parte dos formadores de opinião e dos transformadores da cultura estão sendo gerados dentro dos *campi* universitários. Diante disso, se torna evidente a grande necessidade de o Evangelho não ser apenas comunicado, mas vivido nesses contextos e ambientes.

Uma verdade que eu tenho para mim é que toda revolução coletiva é fruto de uma revolução individual. Enquanto muitos esperam por uma intervenção sobrenatural, capaz de trazer renovo e vida para uma geração que tanto carece desses atributos, pessoas como o Gilberto se posicionam na qualidade de catalisadores dessa transformação. Elas entenderam que não existe nada melhor que ir à raiz, onde a reforma está sendo gerada e atingindo pessoas, através de uma nova realidade e daquilo que somente o Evangelho pode fazer.

Dentro dessa perspectiva, quero convidar você a imaginar quão poderoso pode ser um universitário cheio do Espírito Santo. Imaginou? Agora pense em como, nos próximos anos, essa pessoa pode estar posicionada no epicentro das principais transformações sociais que serão vistas por esta geração. Fico empolgado ao pensar que as pessoas que influenciarão as mais diversas esferas da sociedade têm a oportunidade de ser expostas à verdade do Evangelho.

Uma vez ouvi do Gilberto três conceitos que pautam sua existência: Deus é real; eu estou vivo; e o mundo dá voltas. Essas afirmações me fizeram lembrar que muitas das grandes universidades do mundo, como Harvard, Princeton e Yale, foram fundadas por evangélicos. Porém, apesar de isso ser um marco, a verdade é que a Igreja perdeu acesso, espaço e influência na maioria desses *campi*. Partindo desse ponto, acredito que estamos no momento mais oportuno de reconquistar esses ambientes, não com a força dos nossos braços, mas com a mensagem das boas novas.

Chegou nossa hora de fazer História. Que esse seja o grito que ecoa dentro de você durante a leitura de cada página deste livro.

ANDRÉ FERNANDES
Pastor da Igreja Batista
da Lagoinha em Miami (EUA)
***CEO* da Editora Manifesto**

introdução

Mediante os congestionamentos discursivos e comportamentais ateístas humanistas presentes na contemporaneidade, o Homem foi persuadido tanto em um nível social e como em um nível cultural por incontáveis avalanches ideológicas, sendo, então, intimamente influenciado através do ensino pedagógico e acadêmico, em suas relações humanas e sexuais, assim como em suas visões políticas. Divorciando-se da contemplação do belo em relação ao Criador, aos poucos, esses princípios distorcidos acabaram sabotando a fé e o relacionamento com o Divino, gerando irremediáveis abismos espirituais e conflitos emocionais. Assim, vemos como resultado a fragmentação da criação a um mero fantoche digital, sendo 24 horas por dia fascinado pela internet e influenciado pela inteligência artificial.

Nessa desorganização existencial, vazios e carentes enquanto seres humanos, entramos no que a sociologia chama de hipermodernidade. Esse conceito foi apresentado pelo filósofo francês Gilles Lipovetsky[1] em várias de suas obras, nas quais afirma que o ser humano se tornou hipercarente, hipernarcisista, hipercorrupto e hipervazio. Com isso, vivemos em uma época em que o fácil acesso às informações fez do interior humano um entulhado de conteúdos desconexos que não geram conhecimentos úteis nos desafios da vida real. Esse é o reflexo psicossocial do homem contemporâneo, refém do seu próprio ego e vivendo sob imensa pressão emocional. Esse homem tornou-se intolerante e indiferente ao outro, o que fez que sua capacidade de perdoar a si mesmo e aos outros fosse praticamente inexistente. Em razão disso, a depressão e o suicídio tornaram-se quase que culturais entre as novas gerações.

Consequentemente a essas realidades sociais, as universidades tornaram-se ambientes propícios ao esgotamento emocional, às rivalidades ideológicas, ao relativismo moral, ao tráfico de drogas, aos estupros, à depressão e, por fim, a inúmeros casos de suicídios. Apenas na Universidade de Brasília, durante o primeiro semestre de 2019, eu mesmo tive a oportunidade de presenciar aproximadamente 18 casos de tentativas de suicídio, sendo que, entre eles, infelizmente, 16 estudantes vieram a óbito. Porém, paralelo a esse

---

[1] Nascido na França, em 1944, Gilles Lipovetsky é professor de filosofia da Universidade de Grenoble e autor de *Era do vazio*, *A sociedade da decepção*, *Os tempos hipermodernos*, *A cultura-mundo*, entre outras obras. Especialista em pós-modernidade, é um dos maiores defensores atuais das democracias liberais e um crítico da satanização da mídia.

genocídio afetivo e homicídio antropológico em que nos encontramos, os Céus continuam devolvendo dignidade e honra, assim, gerando vida, perspectiva de futuro, paternidade e amor aos milhares e milhares que depositaram suas expectativas na eternidade.

Ao longo de nove anos atuando como voz do Reino de Deus em diversas instituições acadêmicas, testemunhei manifestações de repúdio contra a fé, ouvi discursos de ódio contra líderes religiosos, assim como fundamentados discursos ideológicos. Presenciei milhares de jovens vivendo o êxodo eclesiástico – saída da Igreja –, sendo seduzidos pela filosofia ateísta humanista, permitindo-se entrar em uma rota de apostasia ao negarem a fé em Cristo Jesus, e, assim, sepultando o temor e tornando-se insensíveis à manifestação do Espírito Santo. Contudo, testemunhei acadêmicos e centenas de estudantes apaixonados por Jesus, fazendo da universidade seus campos missionários, escrevendo teses, tornando-se cientistas, exercendo paternidade e "comunidade terapêutica" através do Reino de Deus.

Incontáveis vezes, observei intelectuais feridos pela Igreja, porém apaixonados por Jesus, chorando ao ouvirem o Evangelho puro e sendo restaurados por meio da graça ensandecida. Esse favor é um fenômeno que ultrapassa os limites racionais de tão incompreensível que é, encontrando homens que viveram marcas profundas na alma, mas que foram transformados por meio do encontro com Jesus. A graça é suficientemente capaz de destruir muralhas e transformar mentalidades céticas em fontes de edificação para o Reino. Ela alcança o mais profundo no íntimo do Homem, dando forças aos cansados e nutrindo com esperança os fracassados.

Por esse motivo, para mim, as universidades não são cemitérios de cristãos, mas, em verdade, o maior campo missionário da contemporaneidade. Como acadêmico da área de humanas, é um privilégio viver uma jornada tão específica ao ministrar para mentes que pensam em instituições acadêmicas. Sobretudo, restaurando os altares caídos nas universidades de nossa nação, ativando corações de estudantes e presenciando uma geração tornar-se adoradora em pleno território universitário.

No criacionismo, Adão não foi projetado para ser salvo, mas para dominar a Terra e todas as camadas da pirâmide ecológica, constituída por répteis, anfíbios, invertebrados, mamíferos e plantas. Como vemos na Palavra, o primeiro mandamento para o homem foi domínio:

> Então Deus determinou: "Façamos o ser humano à nossa imagem, de acordo com a nossa semelhança. Dominem eles sobre os peixes do mar, sobre as aves do céu, sobre os grandes animais e todas as feras da terra, e sobre todos os pequenos seres viventes que se movem rente ao chão!".
> (Gênesis 1.26)

Com isso, entendemos que o plano A de Deus para a humanidade é domínio, mas o pecado a corrompeu e a expulsou do paraíso. Desde então, houve a necessidade espiritual de salvá-los para que voltassem a dominar. Isso, porque a criação ouve a Deus através do Homem quando este entende sua função como representante do Criador, sendo a continuidade dos Céus na Terra.

Dessa forma, a partir do momento em que dominamos um *campus* e fazemos daquele lugar um jardim onde o Criador possui acesso irrestrito, os acadêmicos terão oportunidade de ouvir a voz do Senhor através dos agentes do Reino de Deus nas universidades. Assim, proporcionaremos uma atmosfera favorável para que o "haja luz" denuncie o caos escondido nas trevas desses ambientes, gerando a clareza necessária que expõe os abismos no interior dos estudantes para, assim, possibilitar a organização desses sentimentos por meio do Evangelho. É por isso que, neste tempo, somos convocados pelos Céus para dominarmos os lugares mais escuros da Terra. E, assim como diz um amigo meu: "O mundo só tem voz onde a Igreja se cala".

Tendo esse cenário em vista, e com base em minhas experiências apascentando uma geração de universitários, posso afirmar que estamos experimentando um incrível avivamento nas universidades da América do Sul, em que milhares de jovens tornaram-se profetas sem nomes e heróis sem medalhas. Assim, continuando a Grande Comissão com ousadia, inteligência, erudição, poder, sinais e maravilhas, convertendo-se na tradução do Reino e mostrando ao homem contemporâneo que é possível adentrar na Sala do Trono e encontrar refúgio. Sou privilegiado por ter minha vida marcada ao ver uma geração de universitários apaixonados por Jesus!

Entre comigo nesta jornada de devolução de honra através da educação, e se quebrante com incontáveis relatos do derramar da graça ensandecida sobre mentes que pensam. Quem sabe você não nasceu exatamente para um tempo como este, em que uma geração de jovens mergulha no conhecimento acadêmico, tem suas mentes iluminadas, seus corações incendiados e tomam a frente dos grandes debates, elevando o patamar dos cristãos na sociedade?

"A falta de amor produz vazios sem precedentes, 'monstrificando' a existência e apodrecendo a saúde da alma."

capítulo 1

não sois máquinas, homens é que sois!

Não sois máquina! Homens é que sois! E com amor da humanidade em vossas almas! Não odieis! Só odeiam os que não se fazem amar – os que não se fazem amar e os inumanos! (Charles Chaplin)[1]

Essas foram algumas das palavras proferidas por Charles Chaplin em seu discurso final do filme *O grande ditador*[2], de 1940. Diante de uma plateia de soldados e generais, ele reluta em comunicar as verdades contidas dentro de si. Por mais que considerasse ser

---

[1] Tradução de Emir Couto Manjud Maluf, sendo o original: *"You are not cattle! You are men! You have the love of humanity in your hearts! You don't hate! Only the unloved hate - the unloved and the unnatural!"*. Disponível em *https://jus.com.br/artigos/62715/igualdade-cristianismo-e-democracia-em-nietzsche*. Publicado em dezembro de 2017. Acesso em novembro de 2019.

[2] O GRANDE ditador. Direção de Charles Chaplin. Los Angeles (EUA): United Artists, 1940. 1 DVD (126 min.).

incapaz de se pronunciar, um general o lembra de que essa era a única esperança que tinham. Absorto em seus próprios pensamentos e movido por um senso de responsabilidade, Chaplin traz uma profunda reflexão sobre as características essenciais da humanidade e os dilemas enfrentados após a inserção das máquinas em seu cotidiano: "Nós desenvolvemos a velocidade, mas nos fechamos. As máquinas que dão abundância, nos deixaram em falta". A clássica denúncia de que nos perdemos pelo caminho da evolução. Ainda que tenham se passado quase 80 anos desse discurso, é possível perceber como esses embates existenciais entre o homem e a máquina são presentes e estão intrinsecamente associados aos dias de hoje, seja na forma como desenvolvemos as relações interpessoais, com o mundo digital e seus dispositivos, ou como esse ecossistema tecnológico interfere na maneira como o mundo nos nota.

Na atualidade, vivemos no apogeu da tecnologia digital, mas na idade da pedra da empatia humana em sua sensibilidade existencial. Em meio à era da hipermodernidade, conceito abordado pelo filósofo francês Gilles Lipovetsky, como vimos na introdução, no qual o autor alega que o ser humano se tornou hipercarente, hipernarcisista e hipercorrupto, com suas emoções à flor da pele, assim, ora se comportando exageradamente feliz, ora demasiadamente triste. Ao mesmo tempo, dentro de nós, presenciamos a época que mais está gerando patologias na arte de viver. Ou seja, por conta desses esgotamentos emocionais, fazemos do presente momento um lugar propício para que alterações fisiológicas ou anatômicas se configurem como doenças.

E é nesse turbilhão de emoções e pensamentos que adentramos na era digital, apresentando realizações inimagináveis no que tange às produções humanas, sobretudo, no campo tecnológico, científico e profissional. Tanto é verdade que já é possível expandir as oportunidades de *networks*, além da possibilidade de criar as mais novas profissões milionárias. Quem diria que veríamos nascer profissões como *youtuber* ou *instagrammer*, não? São essas circunstâncias e situações que estão possibilitando pessoas comuns, improváveis acadêmicos ou homens de negócio, a se transformarem em astros ultrafamosos, os novos milionários do século XXI. Porém, a contemporaneidade adoeceu a alma dessas gerações, deixando jovens no ápice do gênesis existencial incapazes de gerenciar o "eu" interior. Esse cenário vem provocando uma contemplação à imagem, fazendo com que muitos aplaudam o que os olhos veem, em seus próprios espelhos, mas estão em profundo luto pelos arquivos entulhados em suas almas.

A era digital em que vivemos gerou homens constituídos com a fragilidade de uma porcelana, musculosos por fora e hiperfrágeis por dentro. Assim como fez mulheres superproduzidas, utilizando a maquiagem como ferramenta para esconder as cicatrizes em seus rostos, mas isso é impotente para estancar as feridas dentro delas! Apesar de hoje em dia ser mais complexo e necessitarmos avaliar uma porção de outros fatores, sejam eles internos ou externos, não podemos deixar com que esse *modus operandi* – de aparentar sermos algo que, de fato, não somos ou até que não existe dentro nós – corrompa e apodreça nossa alma. Em nossa essência, fomos feitos únicos dentro de toda a criação de Deus, pois compomos, no cardápio da hiperinteligente obra do Criador, o prato principal e não a entrada ou uma sobremesa em destaque. Somos feitos à Sua imagem e semelhança (Gênesis 1.26). E é inacreditável continuarmos como pertencentes a uma geração que recebe *likes* em imagens porque perdeu o acesso à semelhança.

Ainda que carreguemos as cicatrizes do pecado, mostrando seus efeitos em nossa mente, em nossa capacidade moral de tomar decisões, assim como em nosso físico e o modo como nos relacionamos socialmente, herdamos a semelhança da matéria-prima: Deus. Tanto em corpo, em sua parte material, como em nossa alma e espírito, nos tornando um ser tripartido assim como a trindade é três em um. Fomos amorosamente arquitetados para nos parecermos como Ele e exalarmos o bom perfume de Seu Reino aqui na Terra. Deveríamos intimidar os inimigos da alma através da extraordinária arte de viver, ao contrário de nos adaptar aos padrões de sucesso que a humanidade designou. Dentro de nós, está contida a verdadeira solidariedade e felicidade, e, através do amor, percorremos a única estrada que a eternidade utiliza para devolver honra, a perseverança.

No entanto, tendo esses princípios como norteadores de nossa existência, também é extremamente importante conhecer nosso histórico como Humanidade, o que nos auxilia como um instrumento de conscientização para cumprirmos nossa tarefa em vida. Posto isto, enquanto geração, somos a consequência de um congestionamento histórico de micro e macrorrevoluções nos mais diversos setores da vida humana. Nossos pais e avós presenciaram as transições na velocidade em que elas ocorreram. Foram contemporâneos ao surgimento do rádio, do disco em vinil, da TV preto e branco, do videocassete, da TV em cores, do CD, do aparelho de DVD e dos computadores.

Nesse período, o contato humano não dependia de aplicativos e aparelhos *smartphones* hipermodernos, muitos dos quais, hoje em dia, cabem na palma da mão ou no bolso de uma calça qualquer, proporcionando comunicação em massa e gerando informações em grande escala. Em decorrência de uma agenda com radicais mudanças científicas, tecnológicas e digitais, alcançamos a geração resultante das quatro revoluções industriais que ocorreram do século XVIII ao XXI. A primeira delas, entre 1760 e 1830, surpreendeu o mundo apresentando a era da máquina por meio da substituição da mão de obra humana pela mecanização industrial.[3] O contato com a pólvora trouxe a modernização dos armamentos bélicos através dos avanços tecnológicos da época. A Europa, no centro da consolidação do capitalismo, vivenciou incontáveis manifestações revolucionárias, sociologicamente falando, fazendo do homem um produto do meio. Em meados do século XIX, a segunda revolução industrial nos presenteou com a eletricidade, permitindo a manufatura em grande escala. Nessa época, na Inglaterra, houve um belo avanço em clássicas obras literárias, marcando a era das ficções e do Romantismo. Já na metade no século XX, ocorreu a terceira revolução industrial, trazendo como inovação a engenharia elétrica e o início surpreendente da indústria da tecnologia da informação e das telecomunicações.

Neste presente momento, nos tornamos contemporâneos à quarta revolução industrial, como os economistas têm classificado frequentemente, por esta ser marcada pela convergência de tecnologias digitais, físicas e biológicas. Segundo Klaus Schwab, diretor executivo do Fórum Econômico Mundial, essa mudança "não é definida por um conjunto de tecnologias emergentes em si mesmas, mas na transição

---

[3] PERASSO, V. **O que é a 4ª Revolução Industrial – e como ela deve afetar nossas vidas**. BBC, 2016. Disponível em *https://www.bbc.com/portuguese/geral-37658309*. Acesso em setembro de 2019.

em direção a novos sistemas que foram construídos sobre a infraestrutura da revolução digital". As transformações atuais alteraram a velocidade, o alcance e o impacto nos sistemas tão fortemente que chegaram a interferir em todas as indústrias do mundo por causa de sua predisposição em automatizar completamente as fábricas. Desse modo, o nível de interferência humana decai com a utilização de sistemas ciberfísicos, os quais são os responsáveis pela interface das ligações entre os elementos computacionais e os físicos. Essas atividades se tornam cada vez mais independentes da atuação do Homem mediante a Internet das Coisas (IoT).[4]

Contudo, é interessante pensarmos que, de Alexandre, o Grande, a Karl Marx, são aproximadamente 2.300 anos. Nesse longo intervalo histórico, não tivemos avanços tecnológicos relevantes, tendo em vista que a principal arma empregada ainda era a espada, o transporte continuava sendo um animal e a comunicação era feita por meio de cartas manuscritas, as quais, em alguns casos, demoravam meses até chegar ao destinatário. Porém, da primeira revolução industrial até os dias de hoje, evoluímos aproximadamente um bilhão de anos em tecnologia e aperfeiçoamentos

---

[4] Internet das Coisas ou "IoT", do inglês *Internet of Things*, se refere à conexão de objetos usados em nosso dia a dia com a rede mundial de computadores. Isso torna possível criar cidades mais inteligentes, com sistemas de transportes conectados; limpeza do ar e da água; agricultura mais eficiente; menos desperdício de comida com eletrodomésticos inteligentes; conectando pacientes e médicos; roupas e calçados, além de tantos outros dispositivos que podem ser ligados à *internet*.

científicos. Uma verdadeira epopeia tecnológica em apenas quatro séculos. Tanto é verdade que isso afetou, inclusive, o modo como as grandes empresas lidam com sua operação. Esse efeito é tão surpreendente que tirou suas áreas de negócio da comodidade de uma rotina diária. Ao passo que as mudanças tecnológicas ocorriam, se enxergavam em uma posição de obrigatoriedade de incorporar essas transformações em suas cadeias produtivas, em uma jornada de caminho único sem retorno. Seja do departamento de *marketing* ao jurídico, passando pelos recursos humanos, todos demandaram mudanças guiadas por essas modificações tecnológicas.

De acordo com o estudo do panorama tecnológico realizado anualmente pela multinacional Accenture – especializada em consultoria de gestão, tecnologia da informação e terceirização – no decorrer do segundo semestre de 2018, 45% dos 6.672 executivos de negócios, *marketing* e TI das principais economias mundiais consultados relataram que o ritmo de inovação em suas empresas acelerou nos últimos três anos devidos às tecnologias emergentes, e que esse movimento causou alterações irreversíveis.[5]

Em relação às descobertas científicas, por exemplo, ao pensarmos que, enquanto Pedro Álvares Cabral

---

[5] ACCENTURE. **The Post-Digital Era is Upon Us**: Are you ready for what's next?. Accenture Technology Vision 2019. Disponível em *https://www.accenture.com/_acnmedia/pdf-94/accenture-techvision-2019-tech-trends-report.pdf*. Acesso em outubro de 2019.

explorava seus primeiros passos em terras brasileiras no século XVI, Martinho Lutero e João Calvino desbravavam a Europa através da Reforma Protestante. Nesse mesmo período histórico, a gripe espanhola dizimava as civilizações astecas e maias em um verdadeiro genocídio. Em poucas semanas, literalmente milhões de índios morreram. No entanto, após os avanços que as revoluções trouxeram, atualmente, com uma simples vacina nos imunizamos contra o principal inimigo da humanidade na época da ascensão colonial nas Américas. Olhando daqui, aquilo tratava-se de uma coisa muito simples, mas não para as pessoas da época. Do mesmo modo, o que nos aguarda nos próximos anos será ainda mais complexo e ousado, assim como o futuro se apresentava aos nossos antepassados.

Essa perspectiva nunca mudará, porém quando nos referimos às novas ondas de tecnologias que inauguram a era pós-digital, temos de levar em conta as inúmeras alterações em nossa forma de viver, que acontecem à medida que a inteligência artificial, a computação quântica e tantos outros termos que virão tornam-se realidade básica no mundo. Assim como já nos aventuramos com as práticas de *blockchain*, em que, por meio de uma tecnologia de registro distribuído, cria-se um protocolo de confiança compartilhado entre cada ponta da cadeia. É uma espécie de "banco de dados", se assim podemos dizer, que tem em vista a descentralização como uma medida de segurança.

Um dos exemplos que mais se tem comentado é o caso do mercado de *bitcoins* com o registro de todas as transações, de ponta a ponta, feitas nessa rede. E não somente nesse âmbito, mas em todos os lugares, as mudanças por meio das inovações tecnológicas vêm trazendo um impacto direto, inclusive em nossas decisões, na forma como consumimos produtos, na maneira como trabalhamos, aprendemos algo ou até mesmo nos comunicamos.

Inevitavelmente, sobretudo as novas gerações, se readaptariam à vida *off-line*, sem contato com o mundo *on-line*. Isso, porque a realidade virtual compacta uma abrangente comunidade de relacionamentos que evidenciam círculos, aparentemente íntimos, com vínculos "profissionais", meramente ocasionados pela estrutura. Sendo assim, há uma formação de laços emocionais, sobre os quais geramos uma expectativa digital, mas que nos aponta para uma possível decepção existencial quando nos deparamos com a realidade do nosso eu interior.

Claramente notamos isso quando percebemos que estamos chateados por não termos sido respondidos de imediato ao enviar uma mensagem via WhatsApp e recebemos aquelas notificações de "visualizado". Ou, ainda, ficamos ansiosos cada vez que nosso celular não se conecta à *internet*. Parece que o tempo não passa e as possibilidades fora da realidade virtual não são tão atraentes e estimulantes. Até esquecermos que estamos isolados no universo digital, muitos momentos angustiantes já terão se passado.

    Se, por acaso, a *internet* deixasse de existir de um dia para o outro, o que faríamos sem ter acesso a nenhum dos nossos sites favoritos? Como nos comportaríamos sem poder acessar documentos, fazer compras com cartão de crédito ou sequer saber qual é a previsão do tempo para amanhã? É bastante complexo imaginar tal situação acontecendo conosco, mas foi exatamente essa experiência nada agradável que uma cidade do Canadá vivenciou em 2011.[6] Devido a uma falha em um satélite, algumas localidades próximas a Quebec ficaram sem acesso à internet, produzindo muito mais do que uma indisposição dos usuários por não poderem atualizar seus perfis nas redes sociais. A falta de comunicação se generalizou em virtude da migração dos sistemas de transmissões via satélite de antigamente para um padrão digital, acarretando na perda de sinal de boa parte das ondas de rádio e telefone.

    Em decorrência disso, se fôssemos analisar essa mesma situação em grandes centros urbanos, serviços, como corpo de bombeiros, polícia e até mesmo hospitais, teriam sido fortemente afetados, produzindo caos em enormes proporções. A circulação de pessoas também é abalada, tendo em vista que, sem informações sobre

---

[6] LANDIM, W. **O que aconteceria com o mundo se a *internet* acabasse?**. Tecmundo, 2011. Disponível em https://www.tecmundo.com.br/internet/14486-o-que-aconteceria-com-o-mundo-se-a-internet-acabasse-.htm. Acesso em outubro de 2019.

o clima em outras cidades, aeroportos são fechados, as sinalizações de semáforos param de funcionar e, a menos que possuíssemos dinheiro em espécie, abastecer o tanque do carro ou comprar uma passagem de ônibus não seriam uma opção. E se pensou que conseguiria sair dessa sacando dinheiro em um caixa eletrônico 24 horas, pode esquecer!

Com o sistema bancário fora do ar, caixas eletrônicos, transações bancárias e pagamentos a receber não são efetuados. Sem dinheiro, podemos presumir que os estabelecimentos comerciais perderiam sua utilidade para nós, consumidores, pois se configuram em simplórios depósitos. Possivelmente, segundo as projeções de Landim, no portal Tecmundo, seriam necessários alguns dias para que alguns serviços voltassem à normalidade. Talvez os cidadãos mais velhos teriam maior facilidade de adaptação do que os com menos de 30 anos, pois estes nasceram envoltos na *internet* e teriam de reaprender manualmente funções que hoje executamos em segundos.

Vale ressaltar que o ocorrido no Canadá seria pouco provável de suceder em larga escala no mundo, nos dias de hoje, pois ao redor do nosso planeta orbitam uma porção de satélites monitorando praticamente cada região terrestre. Bastaria alguma interferência para que outro dispositivo fosse acionado e passasse a vistoriar o que o anterior processava. Apesar disso, episódios como esses nos auxiliam a constatar o nível de transtorno que poderíamos vivenciar, sobretudo no modo em que a Geração Z – os nascidos entre 1990 a 2010, os tais "nativos digitais" – se comportaria em conjunturas completamente opostas à sua natureza digital.

Na época em que computadores, *smartphones* e a própria *internet* são considerados componentes primordiais, quase que indissociáveis do nosso cotidiano, constituindo o oposto do que até poucos anos atrás eram tidos como artigos de "luxo" pela maioria das pessoas, porque eram poucos os que poderiam ter esses tipos de dispositivo. Ao passo que assistimos ao nascimento da inteligência artificial, com a extraordinária capacidade da mente humana, em suas múltiplas habilidades artísticas e científicas, também concebendo imagens de hologramas hipermodernos, vemos, através desse "Pseudojardim do Éden tecnológico", o Homem contemporâneo tornar-se um "urbanoide", vivendo pautado intrinsecamente pela socialidade digital.

Por consequência, na era pós-digital, em que as tecnologias exponenciais interferem diretamente no comportamento humano, temos um quadro com o surgimento de novas síndromes e transtornos emocionais. Somados às filosofias ateístas humanistas que ganharam força nas últimas décadas, o Homem contemporâneo se tornou presa fácil para uma inevitável mudança transcultural calculada. No decorrer da evolução digital para o mundo majoritariamente *on--line*, a *internet* móvel tornou-se quase que onipresente em nossa vida moderna, produzindo uma dependência em vivermos em um universo paralelo à realidade material em que existimos fisicamente.

Desse modo, nossa saúde emocional é sequestrada pela atenção contida nessas redes, amordaçando as naturais reações humanas herdadas culturalmente e/ou geneticamente. Com o profundo vazio incapaz de ser saciado, seja qual for a quantidade de informações consumidas por segundo, uma tristeza, aparentemente sem motivo, abre espaço para que depressões profundas, baixa autoestima, pensamentos pessimistas e desejos suicidas comecem a se acomodar dentro de nós. Pode-se dizer que somos contemporâneos ao surgimento das patologias digitais, atreladas à utilização desses dispositivos tecnológicos. Muitas delas são distúrbios antigos que receberam uma roupagem diferenciada no contexto deste mundo *on-line*, apesar de outras serem realmente novas. Sendo assim, nos encontramos no apogeu da tecnologia, mas na idade da pedra quando se trata da sensibilidade existencial.

Na geração mais digital da história, o suicídio se converteu na segunda causa de morte entre os jovens e adolescentes, de acordo com os dados apontados pela Organização Mundial da Saúde (OMS). Na véspera do Dia Mundial de Prevenção ao Suicídio (10 de setembro) de 2019, o novo relatório apontou que as mortes de pessoas entre 15 e 29 anos no mundo são apenas superadas por acidentes de trânsito. No

Brasil, foram registrados 13.467 casos em 2016, sendo 10.203 deles entre homens. Os números apontados pela organização são alarmantes, e algo que também causa repulsa reside no fato de as principais maneiras utilizadas para cometer o suicídio são o enforcamento, envenenamento com pesticidas e uso de armas de fogo.[7]

Ainda que o assunto esteja presente entre nossos círculos de conversas com maior frequência na atualidade, a percepção de distanciamento entre nosso mundo e as pessoas que enfrentam esses dilemas suicidas está mais evidente do que se possa imaginar. Em 2017, certo dia, um estudante me enviou uma mensagem afirmando que, na manhã seguinte, cometeria suicídio. Ele tinha escrito uma carta que denominou de "dossiê" para que, antes de tirar a própria vida, fosse entregue para alguém de confiança, e então, sentiu que essa pessoa era eu.

Coincidentemente, eu palestraria no dia seguinte em sua cidade, e marcamos aquele local como o lugar de entrega da carta. De modo bem irônico e com muito temor, sugeri que se suicidasse após minha ministração, tendo a certeza de que, durante a palavra, o Espírito Santo o convenceria. Então, ele ouviu a preleção e, aparentemente, havia recebido uma

---

[7] **Suicídio é a segunda causa de morte entre jovens de 15 a 29 anos, revela OMS**. Revista Istoé. Disponível em *https://istoe.com.br/suicdio-a-segunda-causa-de-morte-entre-jovens-de-15-a-29-anos-revela-oms/*. Última atualização da publicação em setembro de 2019. Acesso em outubro de 2019.

injeção de ânimo. Após aquele momento, convidei o rapaz para almoçarmos, e foi ao longo desse ínterim que compartilhou profundos abismos existentes em sua alma.

Filho único de uma família rica, cresceu em uma casa extremamente glamourosa, fazendo de três a quatro viagens internacionais por ano. Seu pai, um homem de negócios, e sua mãe, trabalhavam na empresa da família. Uma casa que aparentava ser bem-sucedida, mas bastante dividida pelo individualismo, uma atmosfera insuportável de tristeza, falta de empatia e ausência de celebração às simples realizações da vida. O reflexo disso é que os pais do rapaz sempre lhe davam presentes, apesar de serem extremamente ausentes.

O menino cresceu se relacionando com jogos eletrônicos e aparelhos celulares das últimas gerações. Ele me contou que, quando os focos de tensão roubavam sua atenção, persuadindo sua realidade, sempre tentava relaxar com jogos de perseguições e caça aos zumbis. O que não percebia era que, com esse comportamento, terceirizava o gerenciamento de crises, patrocinando sombras nos ambientes mais seguros de sua alma, os quais necessitam de clareza para que qualquer ser humano possa dominar a arte de viver. Com isso, cresceu tímido, sem autoestima, nenhuma confiança em si mesmo e em suas relações sentimentais, incapaz de conseguir oxigenar seu eu interior. Também compartilhou que seus últimos relacionamentos haviam sido através de aplicativos.

Entretanto, quando a maturidade existencial finalmente chegou e a vida cobrou uma postura firme de sua parte, seu mundo sucumbiu, pois tinha se tornado refém de si mesmo. Entre outras confissões mais íntimas, expôs não sentir mais vontade de viver e que estava decidido a dar um fim à sua existência por não encontrar forças para os desafios da fase adulta.

Atentamente o ouvi, choramos e oramos juntos. Pude compartilhar minha história de vida e lhe contei que Cristo Jesus realmente era o único que poderia tirá--lo das masmorras emocionais em que se encontrava. Por quatro horas, ininterruptamente, escutei sua alma e percebi que a arte de ouvir é medicinal. Descobri que o contato físico uns com os outros devolve as características mais essenciais da humanidade. É claro que problemas existem, mas eles podem ser encarados por uma perspectiva de oportunidade se forem superados ao compartilharmos com pessoas em quem confiamos. Exatamente nesse momento, presenciei um homem nascer de novo, renascer para si mesmo e para as novas possibilidades que a vida agora parecia lhe proporcionar.

Por isso, à medida que nos distanciamos da vulnerabilidade, sem saber usufruir da beleza que existe em desabafar, uma casca de tristeza nos veste de futilidade e nos afasta da humildade em expor nossas carências e falhas. Já que, nitidamente, o contato com os traços mais intrínsecos da humanidade continua sendo o que há de mais sofisticado na contemporaneidade. A era digital nos aproximou de pessoas distantes, apresentou múltiplas culturas, aumentou as possibilidades profissionais, mas em muitos casos, nos distanciou dos que estão presentes em ambientes compartilhados. Assim como também potencializou a promiscuidade por meio da produção de conflitos e distúrbios existenciais, provocando ansiedade e ausência de habilidades para solucionar conflitos.

Sendo assim, podemos dizer que a hipermodernidade se assemelha a um grande palácio contemporâneo povoado pelos tais "urbanoides", homens biologicamente idênticos aos *homines sapiens* (homens que pensam), mas que se tornaram semelhantes às máquinas. Eles não conseguem contemplar os lírios nos vales, tornando-se frígidos e apáticos, embriagam-se com uma porção de vazios, pois sua natureza os impede de dominar a arte da persistência, uma condição humana.

Vivemos em um tempo histórico em que podemos assimilar o panorama geral, no qual Deus criou o Homem, e este, por sua vez, produziu máquinas que o adoeceu. Levando em consideração que somos obras-primas da criação divina, jamais poderemos substituir a sensibilidade humana existente em nós por um aplicativo desenvolvido no Vale do Silício.

Embora sejamos contemporâneos à quarta revolução industrial, o homem-máquina, como mão de obra industrial, entrará em extinção, e assim, o *homo sapiens* se erguerá exalando o que de mais sincero e verdadeiro há em si. Pois a humanidade precisará continuar a respirar o oxigênio da solidariedade, da empatia e do amor, porque não podemos deixar de falar de tudo quanto vimos e ouvimos (Atos 4.20). Herdamos dos pais na fé a insistência de continuar observando os céus, e ali existem tesouros escondidos.

A Estrela da Manhã é quem ilumina a alma, não necessita de aplicativos ou ritos para chamar sua atenção. O fato de sermos seres humanos já O deixou fascinado suficientemente ao ponto de voluntariamente entregar-Se, em resgate, por amor a nós. Jesus se tornou a materialização da nossa possibilidade de vivenciar milagres extraordinários. Sobretudo, aqueles que curam onde a mão humana não alcança. A consciência da redenção não se projeta nas plataformas da opressão, nem se fortalece nos jugos das ditaduras intervencionistas, muito menos se beneficia com a maldade. Mas é incrível como Seu doce e constante amor é incompreensivelmente atraído por pessoas problemáticas, pelos impotentes e debilitados consumadores de suas próprias jornadas, aos menores da civilização e pelos cansados de chorar. São destes o Reino dos Céus, os nossos pobres de espírito da contemporaneidade (Mateus 5.3).

O Evangelho também pode ser traduzido ao homem contemporâneo como o levantador de caídos, supridor dos fracos, protetor dos esquecidos e o supridor dos famintos por trazer restauração àqueles que foram mutilados pela era digital. Isso, porque é através do amor, por meio dessa incrível linguagem, que podemos atingir o mais profundo abismo do nosso ser e dos outros.

Assim como relata o apóstolo Paulo em 1 Coríntios 13.1, se não tivermos amor, de nada adiantará falar na língua dos anjos, dos homens ou das máquinas. O interessante é que sua comparação termina concluindo que sem amor seríamos "como metal que soa ou como sino que tine" (ACF). Uma bela descrição das construções com que coexistimos nos dias de hoje. Já dizia Charles Chaplin, quando poetizou "Não sois máquinas, homens é que sois". Somos constituídos de superações, sonhos e resiliências. Existe algo dentro de nós que reflete a trindade, e não um vazio que ecoa aprisionado em um latão qualquer.

> Mais do que máquinas, precisamos da humanidade. Mais do que esperteza, precisamos de bondade e gentileza. Sem essas qualidades, a vida será violenta e tudo será perdido. O avião e o rádio nos aproximaram. A própria natureza dessas invenções clama pela bondade dos homens – clama pela fraternidade universal – pela unidade de todos nós. Mesmo agora, minha voz está alcançando milhões em todo o mundo – milhões de homens, mulheres e crianças desesperadas – vítimas de um sistema que faz homens torturar e aprisionar pessoas inocentes. No capítulo 17 de São Lucas está escrito:

"o Reino de Deus está dentro do homem" – não um homem nem um grupo de homens, mas em todos os homens! Em você! Você, as pessoas têm o poder – o poder de criar máquinas. O poder de criar felicidade! Vocês, o povo, têm o poder de tornar esta vida livre e bela, de tornar esta vida uma aventura maravilhosa. (CHAPLIN, 1940)[8]

Os múltiplos entulhos derivados da era digital transformaram sábios e eruditos em animais irracionais e inconsequentes, completamente insanos. Mas a maravilhosa graça restaura a alma. É ela quem faz das Escrituras Sagradas lanternas acesas que intimidam as sombras. Pois, assim como um só homem repaginou a degradante cultura da inconsequência, dividindo a História e amando os que seriam mendigos da eternidade, os atos da continuidade de seu extraordinário legado podem reconstruir civilizações, reformar sistemas e devolver a honra.

Com isso, me pego pensando que, se fôssemos um carro, muito provavelmente Deus gostaria de ser o motor. Se fôssemos um computador, Ele desejaria ser o software, a placa-mãe do nosso sistema. Mas somos seres humanos, e é exatamente por isso que o Criador, de tudo e de todos, anseia desesperadamente assumir nosso coração. Pois, não sois máquinas, homens é que sois!

---

[8] Trecho do discurso de Charles Chaplin no filme **O grande ditador**. de 2019.

"O Sol da Justiça tem todo o poder de reinar sobre a escuridão que intimida o universo dos mortais, fazendo com que pecadores arrependidos continuem a ter acesso à Sala do Trono."

capítulo 2

um profundo vazio chamado hiato

O avanço tecnológico aproximou pessoas de regiões distantes, facilitou o acesso à informação, expandiu o comércio e modernizou indústrias. No entanto, esse cenário de constantes transformações tecnológicas, sociais e existenciais gerou irreparáveis desgastes emocionais ao Homem contemporâneo, esgotando sua alma e patrocinando síndromes e distúrbios psicológicos. Com isso, como humanidade, desenvolvemos um imenso vazio entre a alma e o espírito, que eu nomeio de hiato.

É nessa lacuna que o Inimigo batalha para conquistar e preencher esse espaço, e, caso consiga, transformará os mais belos jardins em regiões desérticas, palácios em ruínas, romances em tragédias, e o que antes era um lugar de descanso, se converterá em calabouço. Porém, quando preenchido por Jesus, com o Espírito Santo fazendo morada em nós, esse hiato se converte em uma carruagem, trazendo à existência as maravilhas dos Céus. E assim que estas são expostas, vemos marginais transformando-se em príncipes, e guerrilheiros assassinos tornando-se verdadeiros cavalheiros em combate pelo Reino.

Na fuga para preencher os vazios existenciais e os conflitos presentes em nossa alma, como homens contemporâneos que somos, entramos em abismos que aparentam ser portas solucionadoras. Nessa tentativa, rompemos pontes com uma esperança falha, rabiscando os registros das superações arquivadas na mente, mergulhando em uma cultura de isolamento. Fugimos de amigos, evitamos círculos íntimos e nos esquivamos de familiares pela insegurança de mostrar o que está acontecendo dentro de nós. Isso, porque, muitas vezes, acreditamos na mentira de que a forma como estamos em determinada temporada da vida automaticamente se converterá em quem somos no ponto de vista das outras pessoas. Expressar a bagunça que existe em nosso interior ou como realidade dessa fase da vida nos dá medo.

Por causa disso, sabotamos nossa identidade divina, aquilo que realmente somos, através de uma encenação com sorrisos de plástico, dramatizando uma qualidade de vida que, na realidade, não existe quando estamos a sós e esses abismos vêm à tona. São fugas que só evidenciam o cansaço da jornada, sinalizando infelicidade e a busca por um sentido real que possa substituir a anestesia proveniente de uma frustração verdadeira.

É inacreditável como, geralmente, nossos maiores problemas se encontram na dificuldade que temos em reconhecer a importância das pequenas coisas. Há tanta gente chorando pelo que não tem, que, se enxergassem com alegria o que possuem, as muitas tristezas da vida se intimidariam. Já conheci príncipes que se sentem como escravos; milionários que vivem como miseráveis; e princesas maquiadas de terroristas em nome de ideologias infundadas. E acredite se quiser, nenhuma dessas coisas que aparentavam solucionar suas vidas preenchiam a imensa lacuna formada na alma de cada um deles. Tanto é verdade que, na era digital em que vivemos, é mais cômodo excluir pessoas através de aplicativos que deletam suas imagens do nosso *feed*, mas que não apagam as cicatrizes do nosso coração causadas por elas, e muito menos solucionam os embates reais que vivemos. Somos capazes de nos aproximar na velocidade de um clique e nos distanciar com a mesma rapidez.

No entanto, esse modo de agir, aparentemente inofensivo, denuncia crises comportamentais, além de uma incapacidade de solucionar conflitos através do perdão ou simplesmente por meio da arte de amar. Bloquear um amigo de uma rede social é mais fácil do que pedir desculpa, pois, aparentemente, as novas gerações não adquiriram a sensibilidade de reconhecer as vulnerabilidades contidas na humanidade. Lamentavelmente, optamos por mascarar as feridas e escondê--las. E se essa característica social se tornar nosso infeliz legado, as futuras gerações dificilmente terão as habilidades necessárias para recomeçar quando o mundo desabar sobre elas. A não ser seguindo os mesmos padrões, tratando humanos como entulhos relacionais ou imagens em telas autorreluzentes, tipificadas como personagens digitais, encenando o *microflash* de uma câmera para extraírem do outro atenção, e, com isso, garimparem para si um amontoado de *likes*.

Desse modo, podemos perceber a importância de nos preocuparmos com as futuras gerações. Sociologicamente, é possível analisarmos que na era das "fotos com filtros" nossas crianças e jovens não sabem lidar com as inevitáveis estações de vulnerabilidade ao entrarem em contato com o sofrimento. E isso é devido ao fato de que existe uma cultura perfeccionista de autoafirmação encenada, que os forçam à introversão ao experimentarem a dor, além de não encontrarem confiança para desabafar ou simplesmente pedir ajuda. Por causa dessa realidade gradativamente danificada, com incontáveis desilusões em diferentes áreas de suas vidas, esse ambiente se torna encarregado de apenas produzir uma inibição ainda maior para compartilharem as angústias do coração como gritos de socorro do que estão enfrentando. Esse cenário, infelizmente, é propício para atentarem contra a própria existência. E é impressionante o quanto a geração com a imagem mais bela, com os vídeos e as fotos mais produzidos, que apresentam conteúdos teóricos e digitais incríveis, sendo influentes em motivar a vencer, são nocauteados pelas aflições ao colocarem a cabeça no travesseiro.

Lamentavelmente, a constante exposição nas redes sociais tem relação com a gravidade da situação que enfrentamos. É notório que as antigas gerações de crianças e jovens, que cresceram em zonas agrícolas ou que não tiveram acesso à era digital, demonstravam mais resiliência diante das adversidades nessa fase da vida. Em minha infância, em meados dos anos 1990, crescemos literalmente brincando nas ruas, com carrinhos de rolimã, pipa, garrafão, queimada, e subindo em árvores. Não tínhamos acesso fácil à pornografia como hoje qualquer um consegue, em poucos segundos, ao entrar na *internet*.

Na minha época de criança, a brincadeira mais erotizada era "pera, uva, maçã ou salada mista", que consistia em, no máximo, um "selinho" como beijo na boca. Quando íamos à escola, fazíamos amizades para vida toda. Participávamos da narrativa histórica individual de cada amigo, colocávamos apelidos como "pseudo-ofensas" ingênuas e não nos magoávamos pelo feito. Pelo contrário, era sinônimo de farra, e nos divertíamos muito. Eu mesmo já fui chamado de gordinho, neguinho, testudo e baleia. De alguma forma, esses apelidos geravam criatividade para eu também colocar apelidos em meus amigos de escola. Nesse tempo não era ofensivo, era divertido e engraçado. Lembro-me de que brigávamos na rua e, ao chegar em casa, contávamos aos nossos pais e apanhávamos. Então, no outro dia, brigávamos novamente com nossa turma, mas aprendemos a nos calar ao chegar em casa. Foram exatamente todas essas experiências que, ao entrarmos na adolescência, nos proporcionaram a vivência de termos inúmeras histórias de infância para compartilhar.

Mas isso foi na minha época de garoto. Agora, o que percebemos é uma transição de temporadas por interferência da máquina no cotidiano do homem desde os seus primórdios, pois até mesmo bebês conseguem interagir com um iPhone, por exemplo, devido aos novos sistemas estarem cada vez mais intuitivos. Em contrapartida, a capacidade de resiliência das gerações passadas não era influenciada pela tecnologia e seus aparatos, mas pela essência humana, ou seja, a própria humanidade exercendo seu papel patrocinada pela resiliência da fase anterior.

Na adolescência dos anos 1990, não pensávamos em sexualidade, continuávamos a fase da infância e tirávamos onda. Isso alimentava nossa capacidade de criatividade. Ao completar 15 anos, me lembro de que estava em uma festa com meus amigos da infância e passamos uma madrugada inteira relembrando nossas travessuras de criança, até que um deles disse: "Lembro que corria mais do que todos vocês". Outro afirmava: "E eu apertava a campainha das casas e saía correndo, e, quando os moradores apareciam, pegavam vocês". E eu, para não ficar de fora da brincadeira, também entrava na roda discorrendo sobre minhas peripécias. Não tínhamos tempo para depressão, para lidar com questões de sexualidade ou abismos emocionais. Estávamos tão ocupados vivendo nossas vidas que o sofrimento era um "luxo" que não podíamos ter. Era raro ouvirmos sobre suicídio, sobretudo entre adolescentes. Já nos dias de hoje, nossas crianças pouco brincam entre elas, passam a maior parte de suas infâncias se relacionando com jogos eletrônicos, celulares e têm como principais companhias pedagógicas os *youtubers*.

Por passarem completamente toda essa fase se relacionando com as plataformas digitais, quando as dores reais ou necessidades de superação emocional baterem em suas portas, infelizmente não encontrarão arquivos de superações em suas lembranças. Ao chegarem na adolescência, quando as crises naturais da própria fase surgirem, não terão experiências de resiliência suficientes, capazes de potencializar a autoestima e as habilidades para solucionarem seus conflitos.

Hoje em dia, com o advento da tecnologia como elemento inerente às gerações Y e Z – que são os nascidos de 1980 aos anos 2000 em diante – dificilmente conseguiriam lidar com um mundo sem esses benefícios provenientes da realidade virtual, pois estes já estão intrinsecamente ligados na maneira como vivem. Principalmente após a aparição da *internet* e com uma porção de aplicativos à nossa disposição, além da introdução da inteligência artificial, esse ambiente *on-line* constituiu-se como uma das principais – se não a única – pontes relacionais para nossa sociedade moderna. Esse ecossistema digital acaba limitando nossa capacidade de construir laços afetivos reais, pois substitui o contato humano pela máquina, diminuindo ainda mais uma possível convivência entre nós. Jamais um bate-papo por de trás da tela de um *smartphone* passará o mesmo nível de empatia e sensibilidade que uma conversa "olho no olho" transmite. Além do mais, os principais focos de tensões e vazios que a geração contemporânea vive são ocasionados por uma defasagem emocional proporcionada por uma má interpretação das conversas via WhatsApp, Facebook ou Instagram.

Recentemente, em meados de julho de 2019, o Brasil vivenciou a infeliz perda de uma *digital influencer*[1]. Após ser insensivelmente deixada no altar um dia antes do casamento, Alinne Araújo decidiu continuar com a festa mesmo sem o noivo, casando consigo mesma e afirmando uma aliança em nome

---

[1] Matéria publicada pela redação do jornal Estado de S. Paulo em 16 de julho de 2019. **Blogueira Alinne Araújo morre após noivo terminar com ela na véspera do casamento.** Disponível em *https://emais.estadao.com.br/noticias/gente,blogueira-alinne-araujo-morre-apos-noivo-terminar-com-ela-na-vespera-do-casamento,70002924093*. Acesso em outubro de 2019.

de uma nova vida, como disse em suas redes sociais. No entanto, com tamanha repercussão entre seus seguidores que a criticaram, Alinne não suportou a angústia e se jogou do nono andar de um prédio. Essa realidade é mais próxima do que podemos imaginar, e não é uma brincadeira. Pode parecer uma síndrome atual entre pessoas com maior visibilidade ou famosos, mas, na verdade, há mais de meio século, presenciamos astros do *rock 'n roll* ou *pop stars* cometerem suicídio no apogeu da juventude, por não conseguirem lidar com os conflitos da vida. Eles são extraordinários nas luzes dos palcos, mas carentes e solitários quando não estão acompanhados.

Infelizmente, a lista de artistas internacionais que morreram aos 27 anos de idade é gigante, seja por suicídio ou *overdose*, justamente por não conseguirem oxigenar seu eu interior. Entre eles, estão Jimi Hendrix, Janis Joplin, Kurt Cobain e Amy Winehouse. E o fato é que o suicídio passou de um ato esporádico, quando ouvíamos um ou outro relato, para tornar-se nosso principal inimigo na atualidade. Com isso, também necessitaremos de lutar contra essa pandemia ainda mais por causa da intromissão tecnológica em nossa vida.

Pude perceber nitidamente essa gravidade na minha jornada ministerial durante todos esses anos com os estudantes universitários. Tive incontáveis experiências com acadêmicos suicidas em potencial que narravam um intenso sentimento de solidão e profundas estações de vazios em seu interior. Até porque muitos jovens saem de suas cidades e enfrentam a dura realidade de morar sozinhos, distantes de suas famílias e amigos, para concluírem com louvor a fase universitária. Boa parte deles mora em repúblicas ou divide apartamentos com desconhecidos. Em razão de tamanhas mudanças e desconfortos, infelizmente é comum se alentarem com o uso de maconha e outras drogas objetivadas como escapes de uma inevitável realidade. Assim como se afundam em uma porção de festas, morrendo por overdose ou trancados em seus quartos.

Algumas universidades do Brasil criaram centros especiais para evitar que mais estudantes tirem a própria vida, sobretudo nas federais, em que, desde o início de seu processo no Ensino Superior, os alunos vivem imersos na pressão para passarem no vestibular diante de muitos concorrentes. Após vencido o desafio, a cobrança se torna ainda mais insuportável, e grande parte dos alunos acabam tendo de tomar algum tipo de medicamento psiquiátrico. Especialmente os estudantes das áreas relacionadas à saúde, como os de Medicina.

Por causa da dificuldade que é entrar no curso, muitos estudam em faculdades no exterior. Quando tive a oportunidade de viajar para alguns países da América do Sul, vi muitos jovens brasileiros migrando para terem a oportunidade de cursar a tão almejada carreira médica. Esses estudantes passavam longas jornadas de estudos solitários, com rotinas tão intensas que o desgaste emocional os acarretava a tal ponto que o nível de cobrança ao qual se submetiam gerava distúrbios provocados pelo excesso de ansiedade e falta de esperança de superação.

Infelizmente, ouvi incontáveis relatos sobre suicídios entre estudantes, e boa parte dos jovens que encontrava pensaram em tirar suas vidas pelo menos duas vezes durante o curso. Um cenário alarmante, que deve nos preocupar, ao menos, nos levar a questionar o porquê de esses estudantes adoecerem tão cedo e no Ensino Superior. Alguns pontos devem ser considerados, como a vida acadêmica repleta de pressões, conforme a escolha do curso; a responsabilidade para finalizá-lo e, em seguida, obter o diploma; a inevitável mudança cultural para um ambiente universitário, o qual, há décadas, vive um congestionamento de ideologias, filosofias e militâncias. Sem dúvida, tudo isso contribui para gerar instabilidades emocionais em que os mais avançados remédios terapêuticos não são eficazes para solucionar os conflitos que estão no pensamento desses estudantes. E por fim, o que vemos é a degradação progressiva de uma realidade trágica, se não fatal.

Uma matéria publicada pela revista Veja, em setembro de 2019, nos sinaliza que, a cada quatro segundos, uma pessoa comete suicídio no mundo, o que corresponde a 800 mil mortes por ano.[2] Apesar de

---

[2] Matéria publicada pela redação da revista Veja, na seção Saúde, em 9 de setembro de 2019. **Suicídio é segunda causa de morte entre jovens de 15 a 24 anos, diz OMS**. Disponível em *https://veja.abril.com.br/saude/suicidio-e-segunda-causa-de-morte-entre-jovens-de-15-a-24-anos-diz-oms/*. Acesso em outubro de 2019.

serem dados de 2016, o número é superior aos óbitos por malária, câncer de mama, guerra ou homicídio, o que significa estado de calamidade pública global, segundo a organização. Esses números são verdadeiramente assustadores, no entanto, entre 2010 e 2016, a taxa de suicídio global caiu 9,8%, mas apenas 38 países apresentam estratégias preventivas contra o problema. No Brasil, temos um programa de conscientização e combate ao suicídio chamado "Setembro Amarelo". No portal do Ministério da Saúde temos diversas orientações significativas a respeito:

> As pessoas sob risco de suicídio costumam falar sobre morte e suicídio mais do que o comum, confessam se sentir sem esperanças, culpadas, com falta de autoestima e têm visão negativa de sua vida e futuro. Essas ideias podem estar expressas de forma escrita, verbal ou por meio de desenhos.[3]

O intrigante é que, no nosso país, o número de homens que tira a própria vida é quase dobrado em comparação às mulheres, chegando a 13,7% entre eles, e 7,5% entre elas. De fato, não podemos negar que essas taxas aparentam ser fiéis à realidade em que vivemos, quando observamos as sensíveis e imponentes habilidades resilientes das mulheres em nível emocional, por exemplo.

---

[3] BRASIL. Ministério da Saúde. **Prevenção do suicídio:** sinais para saber e agir. Disponível em *http://www.saude.gov.br/saude-de-a-z/suicidio*. Acesso em outubro de 2019.

Com isso, compreendemos o admirável dom da sensibilidade que elas possuem em valorizar a voz do coração. As lágrimas brotam com facilidade nelas, e geralmente não usam máscaras ou filtros quando o quesito é sentir e demonstrar o que se passa em suas mentes e seus corações. São essas gotas gentis que decoram os desertos da sensibilidade humana através das idades pedagógicas iniciais, fazendo da mulher a autoridade em sensibilidade quando falamos do cuidado com seus bebês. Elas sabem valorizar a nobreza dos sentimentos, liderando as faculdades mentais na arte de se importar, cuidar e enriquecer o mundo com a majestade do que representa a maternidade.

 Talvez, provavelmente, seja por isso que os homens se suicidam mais do que as mulheres, pois, em sua maioria, camuflam os sentimentos, sabotam o coração pela encenação de uma fortaleza estrondosa, mas que acaba sequestrando suas estruturas emocionais. Assim, aprender a valorizar e respeitar a nobreza das lágrimas é saber ser responsável com as temporadas comoventes da vida da mesma forma quando nos encontramos em situações radiantes. É como dançar com a chuva para fazer ciúmes ao sol, protestando por mais gratidão, sensibilidade e amor em um mundo desértico em valorizar sentimentos, mas capaz de ovacionar e idolatrar certa popularidade e *status* social.

 Como mencionei anteriormente, a facilidade que temos de nos desconectar afetivamente de amigos ou conhecidos na velocidade de um clique é outra prática que promove sérios vazios emocionais dentro de nós. Se algum amigo digital tiver uma opinião diferente da nossa, seja na esfera política, religiosa ou esportiva, basta um "excluir dos contatos", e, em apenas um clique, quem se opôs ao nosso ponto de vista será facilmente tirado da nossa rede ou bloqueado. O que gera uma falsa sensação de microconflitos solucionados, porém, assim, acabamos colocando debaixo do tapete existencial lixos desnecessários, os quais só produzirão mais entulhos em nossas almas, expondo uma imaturidade que beira o ridículo. O sofrimento continuará existindo, e a falsa fuga na resolução de conflitos, essa terceirização de problemas, será a encarregada de encobrir a beleza contida na humanidade.

Por isso, existe uma importância emergencial para que os agentes do Reino de Deus se apresentem dentro das universidades, ministrando sobre o que o apóstolo Paulo declamou:

> Sofremos pressões de todos os lados, contudo, não estamos arrasados; ficamos perplexos com os acontecimentos, mas não perdemos a esperança; somos perseguidos, mas jamais desamparados; abatidos, mas não destruídos. (2 Coríntios 4.8-9)

Caminhar com feridas nos pés deixará nossa jornada insuportável. Por isso, não podemos fazer da nossa rota um percurso de dor, mas precisamos aprender a descansar, nos equilibrar, como também desentulhar aquilo que não é necessário. Não podemos permitir que o caminho nos faça sofrer. Noites escuras não duram para sempre e o Diabo é especialista em nos fazer perder tempo. Ele sabe nos tirar do foco com uma porção de lixos e entulhos depositados em nossas mentes com a sutileza de uma pequena mentira. E é nesse ponto que, se nos deixarmos levar, começaremos a preencher os vazios existenciais com uma porção de coisas secundárias ou até mesmo supérfluas sem, de fato, entrarmos na questão crucial: o vazio em nós só pode ser preenchido por Deus.

Uma coisa é termos ciência disso, agora, outra completamente diferente é vivermos de acordo com essa mentalidade da mesma maneira que o Filho do Homem andou aqui na Terra. Assim como Jesus dormiu no barco em meio à tempestade, pois tinha plena certeza de que estava sendo guardado por Deus, também precisamos tornar as terríveis estações de escuridão de nossas vidas em momentos de descanso.

Dentro deste assunto, podemos usar o exemplo da melatonina, que é a substância do sono que permite ao nosso corpo produzir naturalmente um relaxamento. E se soubermos nos aproveitar desse repouso, crendo no Criador dos Céus, quando as trevas tentarem nos intimidar, não seremos atormentados pelas circunstâncias momentâneas. As noites escuras são fundamentais para produzir sonhos, os quais nos capacitarão com maior criatividade para a resolução de conflitos. Uma boa noite de sono é essencial para que nosso organismo funcione em sua totalidade. Por isso, precisamos compreender a arte do desabafo, a necessidade de ouvir e ser ouvido, além de entender que o Senhor anseia por cuidar de nós. Cada estratégia utilizada nesses momentos de confusão é válida. Sempre aconselho aos estudantes que apascento, que se sentem afogados nos vazios da jornada, a orarem em voz alta para ouvirem suas labutas. Isso é terapêutico!

Agora, quando analisamos que os hiatos consequentes à era da velocidade são, na verdade, os tais vazios existentes na alma humana, que são exatamente do tamanho de Deus, os quais Dostoievski ou o próprio Pascal já haviam mencionado, temos a consciência formada não só por uma concepção teológica, mas pela própria academia que assegura esse pensamento. Esse espaço dentro de nós deve ser totalmente ocupado pelo Espírito Santo, fazendo de nós Sua morada.

Em Efésios 5.18, entendemos que não devemos nos embriagar com vinho, que leva à devassidão, à perversão de nossos costumes, mas sejamos completamente cheios pelo Espírito de Deus. Assim, não é recomendado preenchermos o vácuo que há dentro de nós com coisas que se esvaem como o vinho, mas sim com a única fonte inesgotável de satisfação, nosso Consolador, o Espírito Santo. Por isso, para atingir o coração desses jovens, não ouso sair debaixo das asas do Altíssimo, e para alcançá-los, há anos tenho apresentado uma geração de acadêmicos que têm prazer de estar nesse lugar seguro. Ali não há espaço para julgamento ou sentimento de inferioridade pelas vulneráveis limitações humanas, as quais não foram adestradas ao ponto de poderem depositar suas próprias forças ou habilidades no Criador do Universo.

Foi com a propagação desses ambientes de vulnerabilidade entre as universidades que, no primeiro semestre de 2018, tive uma inesquecível experiência com uma estudante muito influente nas redes sociais. Na verdade, ela surpreendeu a todos após uma tentativa de suicídio. A garota, aparentemente feliz e engajada com as plataformas digitais, após um significativo investimento em consultoria sobre as redes sociais, entrou em depressão por sentir-se intensamente sozinha e vazia existencialmente, mesmo tendo milhares de seguidores. Ela sempre postava vídeos e fotos em festas, em todos eles acompanhada e sempre feliz. Porém, lamentavelmente, em um lapso emocional, atirou-se do terceiro andar de um apartamento após uma *live* no Instagram sobre bem-estar. Por um milagre, não morreu, mas teve de lidar com sequelas físicas após a tentativa de suicídio malsucedida.

Após alguns meses em que a visitei no hospital, e apresentando gradativamente Cristo a ela, a menina desabafou que havia anos não conseguia sair do quarto durante o dia. Não tinha qualidade de sono, não se alimentava adequadamente, e muito menos tinha forças para viver. E mesmo nesse estado emocional, se produzia como influenciadora digital, motivando mulheres a buscarem a felicidade, mas não havia quem a fizesse se sentir amada e especial. Quanto às emoções e como tem lidado com isso, há um ano, ela tem se permitido viver um relacionamento com Deus através de Jesus, encontrando forças e esperanças para retomar sua jornada.

É com exemplos como este que assimilamos a real força que a fé tem e que, por ser tão espetacular, reconstrói o que as ruínas da alma entulharam. Que melancolia seria ter uma vida, mesmo que por alguns momentos, sem cores, sabores e uma contemplação do que é belo. Dessa forma, os focos de tensão se tornam insuportáveis. Sem sonhos, ideias e renovos em nossa mente, a criança arquivada na alma se intimida, de tal modo que o "vinde a mim todos os que estais cansados de carregar suas pesadas cargas" (Mateus 11.28) se torna um convite ao colo de descanso do Amor!

É nos mais intensos vales e cavernas que a fé adquire raízes profundas, nos tornando perseverantes em temporadas de tempestades. No entanto, os abusos existenciais ocasionados pelas quatro revoluções industriais é que, desde o período paleolítico à contemporaneidade, fizeram do ser humano, o qual sempre amou a vida e viveu para gerar mais outras, urbanoides, homens que se relacionam com a máquina, mas não suportam a própria companhia. Eles interagem com todos, menos consigo mesmo. Sentem-se como androides, pois desaprenderam que feridas saram, que cicatrizes são medalhas e que as raízes, muitas vezes, não aparecem, mas sustentam toda uma árvore.

Foi nesse cenário social de uma geração linda, mas vazia de Deus, que o Soberano escolheu que estivéssemos para vivermos o fluxo de um poderoso avivamento dentro das universidades, sendo responsáveis por devolver dignidade e honra!

Em minha jornada cuidei de jovens que se julgavam, de diversas formas, diferentes, simplesmente pela arte em superar cavernas e vales ou se asfixiar com conflitos emocionais que os recursos financeiros são impotentes para solucionar. Minha missão nas universidades gerou experiências como as que vemos na Bíblia, continuando a porção do livro dos Atos dos Apóstolos.

Nos últimos dez anos de ministério, presenciei mais suicídios entre estudantes de Medicina que assassinatos por arma de fogo. Contudo, na mesma proporção, testemunhei a graça de Cristo Jesus ressuscitando sonhos, devolvendo forças e gerando redenção em estações de confusos labirintos existenciais. Pois a graça é uma bússola que nos aponta para o Salvador! Somente com o Espírito Santo tomando Seu trono em nosso coração que os vazios que chamo de hiato poderão deixar de existir, aproximando cada vez mais nossa alma e nosso espírito do Eterno e do Seu plano original para nós.

"Jesus não expressa o senso de justiça como lupa humana para sentenciar homens. Simplesmente ama as estrofes personalizadas em vidas."

capítulo 3

violentamente pacífico

A graça ensandecida nos conecta com o Criador, transformando lágrimas em salmos, desertos em jardins e tragédias em poesias. Aos poucos, você entenderá o motivo de caracterizá-la dessa forma. Pois o encontro com Jesus preenche os vazios existentes na alma, dando ao Homem acesso ao plano original de sua vida. Sendo assim, é possível viver um outro nível de interferência com o mundo, não mais com uma perspectiva de sermos meros coadjuvantes, mas assumindo o papel como atores principais de nossas próprias histórias. Uma vez que a obra da salvação alcança os corações cansados e derrotados pela longa caminhada, a manifestação do Reino se torna poderosa em nível social, pois acaba mudando sentenças e ocupando espaços, dessa forma, sendo violentamente pacífica.

Como vemos na Palavra: "Desde os dias de João Batista até agora, o Reino dos céus é tomado à força, e os que usam de violência se apoderam dele" (Mateus 11.12). Em outras palavras, é mais sobre a forma que conquistamos os territórios em que nos encontramos, com a finalidade do avanço do Reino na nossa perspectiva terrena, do que por mérito humano. Qual é a possibilidade de sermos brandos e apáticos quando se trata de um campo de batalha a ser conquistado? Nenhuma! Portanto, quando nos esforçamos para ser a continuidade de Jesus em nossos territórios de influência, experimentamos um nível diferente de atuação sobre o mundo, não mais pela perspectiva de expectadores, mas sob um patamar de domínio e influência. Para isso, necessitamos nos empenhar com afinco, nos fundamentando na conduta divina e nos esforçando como redimidos que dão evidência à salvação, sendo violentamente pacíficos. Assim, o Reino dos Céus se expande sobre a Terra, com força e vigor, intimidando as trevas e apresentando cartas de alforrias aos escravos da opressão diante dos que são enérgicos, dos incansáveis, aqueles que se esforçam e são corajosos, se apoderando de tudo.

Nesta última década, as instituições acadêmicas viveram um panteão de declamações ateístas humanistas em relação à sexualidade, à erotização infantil e a discursos favoráveis ao aborto, assim como se tornaram imersas em uma cultura de suicídio. É impressionante como nesses ambientes o sentimento de solidão e tristeza são latentes. Ouso dizer que há mais temor a Deus dentro dos presídios de nossa nação que em nossas universidades. Ainda mais com as incontáveis manifestações e gritos por militâncias desses mesmos jovens que saíram às ruas protestando, primeiramente contra o aumento da passagem de ônibus, em 2013; logo em seguida, com o início ostensivo da "Operação Lava--Jato", em 2014; depois, surgiu um congestionamento de protestos em toda a nação contra ou a favor do *impeachment* da então Presidente da República, Dilma Rousseff, em 2016; e por fim, as movimentações gerais relacionadas às eleições presidenciais de 2018.

E por mais improvável que possa parecer, foi diante desta década de depressão que vivi minhas maiores experiências com Deus, nas mais diversas universidades da América do Sul, com estudantes de várias nacionalidades. Tive a oportunidade de ministrar a jovens de outras culturas, de diferentes cursos acadêmicos, a contar dos polos de inovação e empreendedorismo, como no Vale do Silício; aos estudantes de Medicina na Bolívia, Argentina e Uruguai; aos jovens cursando Arqueologia e História em Cusco, no Peru, e na Universidade de Jerusalém; e aos brasileiros de universidades federais e particulares de todo o país.

Contextualizando-os, minha jornada ministerial com acadêmicos iniciou-se em 2010, a partir de uma reunião de oração para universitários que eu liderava toda quinta-feira, às 23 horas. Inicialmente, éramos apenas dois fervorosos estudantes: Felipe Miranda e eu. Quatro semanas depois, éramos 400 alunos, cada um de uma universidade diferente. Meses se passaram, e fizemos nossa primeira vigília reunindo três mil jovens. Em seguida, o Senhor nos direcionou para entrarmos nas universidades através dos Núcleos Fire Universitário: reuniões com pequenos grupos. No começo, formamos dois ajuntamentos e, nestes últimos dez anos, já compomos aproximadamente 530 instituições acadêmicas espalhadas por toda a América.

É intrigante ver quanto conseguimos avançar em diversas instituições de Ensino Superior ao longo desse tempo. E mesmo que sempre tivéssemos ouvido falar sobre o espírito de apostasia que imperava dentro das universidades, e apesar do nível da ousadia que os militantes de ideologias opostas tinham, isso tudo aconteceu na nossa frente. Com isso, iniciei uma temporada de consagração a fim de que o Senhor me visitasse com uma ousadia do Reino e marcasse minha história. Dias depois, ao simplesmente lanchar em uma faculdade particular de Brasília, senti um intenso desejo de subir na mesa e gritar sobre Jesus. Obviamente, relutei, achei irracional. Mas, quanto mais eu pensava, mais esse desejo aumentava. De repente, fui instigado por uma grande coragem, que só podia ter vindo do Espírito Santo. Havia aproximadamente 500 estudantes naquele local, quando, subitamente, ao ficar em pé em cima da cadeira e logo sobre a mesa, gritei:

Quero pedir perdão por minha inconveniência, mas quero falar sobre alguém de quem René Descartes escreveu poemas no século XVII. Quero falar sobre aquele para o qual Isaac Newton escreveu cálculos matemáticos ovacionando a grandeza da criação no século XVIII. Sobre aquele que C. S. Lewis definiu como um imponente leão, chamando-o de Aslam, no século XX. Quero falar sobre aquele que surpreendeu as mais brilhantes mentes que marcaram gerações, lapidando as mais terríveis histórias em cartas de restauração. Quero falar sobre Jesus Cristo, o único que dividiu a História.

Após gritar o mais sensível e emocionante discurso que eu poderia declamar dentro de uma universidade, fui surpreendido ao ver todos os acadêmicos daquele ambiente aplaudindo Jesus de forma ensandecida. Alguns chorando, outros de pé, gritando, outros glorificando a Deus, e alguns apenas balançando a cabeça de forma positiva ou negativa. Foi tão poderoso sentir o Espírito Santo se movendo dentro da minha alma para alcançar aqueles estudantes que decidi fazer o mesmo em todas as universidades e instituições acadêmicas de Brasília.

Com isso, os Núcleos Fire Universitário se multiplicaram, e mais estudantes foram ativados, sensibilizados, salvos e curados em suas almas. Percebi que Cristo Jesus se movia de modo violentamente pacífico através de um avivamento incompreensível que tomara as universidades brasilienses. Após uma temporada em que semanalmente eu subia em mesas de faculdades pregando o Evangelho como acadêmico, a cada mês, pude reunir todos esses estudantes em cafés universitários, onde nos conhecíamos melhor, orávamos juntos e cantávamos louvores a Deus. Conforme a fome por Jesus dessa grande turma aumentava, fazíamos vigílias em que muitos eram batizados com o Espírito Santo e com fogo, fluíam nos dons espirituais de forma sobrenatural e voltavam equipados para suas universidades, incendiando seus *campi*.

Após ministrar em todas as faculdades da minha cidade, tive a oportunidade de levar o Evangelho a várias universidades em Goiânia e Anápolis, estado do Goiás; depois em São Paulo; Minas Gerais; Tocantins; Bahia; Rio de Janeiro; Maranhão; Rondônia; Santa Catarina; Paraná; Rio Grande do Sul e, assim, por toda a nação. Era inacreditável! O Senhor realmente havia nos dado as universidades do Brasil por herança. Através dessa verdadeira epopeia evangelística em territórios acadêmicos, apascentei centenas de estudantes deprimidos, suicidas em potencial, traficantes, viciados em drogas, alcoólatras, satanistas, feiticeiros, ex-adoradores da ordem dos vegetais e muitas garotas de programa. Geralmente, eles eram jovens que cresceram em igrejas evangélicas ou católicas, mas que viveram "ditaduras influenciativas" de uma religiosidade que mutilou a fé genuína que havia dentro de seus corações. Dessa forma, acabaram amputando os limites da existência de cada um, gerando vazios incalculáveis, apodrecendo as raízes da fé e erguendo muros da apostasia. Assim, os "secularismos" geraram uma migração, fazendo com que jovens tímidos se tornassem ousados e depravados; que virgens se tornassem homossexuais; e que filhos de pastores se tornassem líderes de militâncias ideológicas infundadas com raízes ateístas humanistas.

De 2010 ao presente momento, sentei-me com centenas de filhos de pastores que carregavam cicatrizes de rancor, ódio e vingança, e pude orientá-los dentro das universidades. Em muitas conversas, eles compartilhavam sobre se sentirem enganados pelo senso de moralidade de líderes que os proibiram de namorar, mas que tinham casos extraconjugais. Ou, ainda, diante dos escândalos financeiros e políticos, frustraram-se a tal ponto de apostatarem de sua fé. Sobretudo quando falavam a respeito dos abusos emocionais ou de autoridade que sofreram como liderados. Muitas eram as causas para afirmarem o sentimento negativo que tinham com relação às suas decepções eclesiásticas.

Porém, em uma temporada de consagração por esses estudantes que a perseverança na jornada me apresentava, recebi uma visitação de Jesus, em que Ele me pedia para falar: "O Evangelho só é Evangelho quando chegamos ao nível de conseguir amar nossos abusadores". Foi angustiante ouvir aquilo! Como poderia falar para pessoas que foram abusadas emocionalmente que o Evangelho é sobre amar os próprios carrascos emocionais? Seria o mesmo que patrocinar a síndrome de Estocolmo[1], em que um sequestrado pode até sentir amor por seu sequestrador.

Contudo, após pensar com muita sensibilidade a respeito, cheguei à conclusão de que, realmente, Evangelho só é real quando conseguimos enxergar com os olhos de Cristo uma pessoa que erra cem vezes. E por estarmos debaixo dessa mentalidade, não desistimos na centésima primeira vez. Até chegar ao ponto de não fazer do nosso coração uma sepultura, enterrando ou esquecendo dentro do peito aqueles abusadores, através do rancor e ódio. Essa realidade é muito comum, e me deparei com muitos jovens que literalmente destruíram-se para se vingarem de seus pais, amigos ou ex-pastores, fazendo de seus corações um depósito de carniça, apodrecendo suas almas.

E foi a partir desse entendimento que confiei totalmente em Jesus para realizar minha função

---

[1] A "síndrome de Estocolmo" foi descoberta pelo criminologista Nils Berejot após o assalto a um banco da Suécia, em 1973. Ao colaborar com a polícia, ele percebeu que os reféns acabaram construindo certa afinidade com seus sequestradores. Assim, essa síndrome se desenvolve com base nas tentativas da vítima de se identificar com seu sequestrador ou conquistá-lo, sendo considerada como uma doença psicológica. Fonte: LAMELA, Anxo. **Crime que originou "Síndrome de Estocolmo" completa 40 anos**. Publicado em agosto de 2013 pela Revista Exame. Disponível em *https://exame.abril.com.br/tecnologia/crime-que-originou-sindrome-de-estocolmo-completa-40-anos/*. Acesso em novembro de 2019.

como ministro nas universidades. Constantemente, após horas conversando com líderes de militâncias, estudantes depressivos ou suicidas em potencial, eu os abraçava, olhava fixamente em seus olhos e repetia a frase que uma vez ouvi: "O Evangelho só é Evangelho quando chegamos ao nível de conseguir amar nossos abusadores". Lágrimas brotavam em seus olhos, seguidas de um profundo pranto, e, então, os abraçava e dizia: "Hoje Jesus devolveu a você dignidade e honra". Assim, presenciei o Espírito Santo reformando a vida emocional de uma geração de universitários, reciclando suas almas, removendo os muitos cadáveres de seus corações. Ele era e sempre será o único responsável por desentulhar nossa existência e gerar alívio. Aquele que se move através de nós, sendo violentamente pacífico com uma poderosa ferramenta: o Evangelho!

Ao longo dessa intensa temporada de consagração, fui visitado por um anjo em sonho, tendo uma das experiências mais loucas que já vivi. Ele colocava em minhas mãos um útero portátil e, em meu espírito, entendi que se tratava de adoção de filhos. De repente, em alto e bom som, ele disse em português: "Você gerará filhos na fé que serão como ovelhas que rugem!". Impactado com a cena e profundamente extasiado, tive plena convicção do meu papel ministerial em minha jornada acadêmica pelas universidades do Brasil e nunca mais parei.

Durante esse percurso, encontrei muitos que se sentiam órfãos, mesmo tendo seus pais vivos. Assim como vi "órfãos existenciais", aqueles que nunca tiveram a oportunidade de se erguerem socialmente. Mas, depois de nosso contato, eles puderam perceber e encontrar na educação e no estudo acadêmico a possibilidade de redenção sociofamiliar. Além disso, seguindo o que o Senhor havia me incumbido de fazer, nos primeiros oito anos do meu ministério, ousei ofertar 90% da minha renda mensal abençoando estudantes de baixa renda. Ajudei a pagar a faculdade de mais 14 universitários, entre os que estudavam Medicina na América Latina e os que cursavam Direito, Antropologia, Arquitetura, História, Letras, Educação Física, Psicologia, Administração, Filosofia e Publicidade e Propaganda. Com os recursos adquiridos em minhas palestras e ministrações, dividia o pão que recebia com quem sentia que precisava auxiliar. Sempre me fundamentava no princípio de que, se em uma grande igreja ou empresa, pastores ou patrões assumissem os sonhos acadêmicos desses jovens carentes, os direcionando socialmente aos seus destinos profissionais, vocacionais e espirituais, poderíamos causar uma grande mudança.

Então, se um estudante sob minha liderança no Fire Universitário amasse os estudos, mas não possuísse recursos financeiros para continuar sua jornada acadêmica, era inadmissível a desistência mediante a falta de dinheiro. Imaginem só, se grandes igrejas assumissem as dívidas das faculdades de jovens humildes e fiéis a Jesus, os quais investem toda sua juventude servindo a uma visão ou organização? Em quatro ou cinco anos, teríamos profissionais que honrariam a sociedade e seriam eternamente gratos porque a Igreja os levou à dignidade social e a um destino. Pensando nisso, eu tomava a frente de seus débitos universitários, pois entendia que esses anos fundamentais, exercendo paternidade a um estudante, poderiam garantir o sucesso de um futuro médico, jurista, engenheiro, e assim por diante. Inclusive, eu mesmo sou fruto dessa generosidade.

Quando estava cursando a faculdade de História, tive incontáveis desafios financeiros e sociofamiliares para suprir e, por muitas vezes, me senti impotente e esgotado. Pensava constantemente em desistir do curso para trabalhar. Então, um amigo chamado Bruno Carvalho me abençoou durante dois semestres, não me permitindo desistir. Ele não sabia, mas havia plantado sementes de honra que geraram belas árvores frutíferas, e hoje posso derramar dessa mesma porção aos guerreiros da juventude, aos heróis sem medalhas.

Ao longo desses anos ministrando e edificando os Núcleos do Fire Universitário em várias instituições acadêmicas no Brasil, pude conhecer mais de perto algumas histórias que muito me marcaram. Além de abraçar boa parte dos brasileiros, pude fazer alguns "mochilões" pela América Latina, transitando por Paysandu, no Uruguai; Córdoba, na Argentina; Santa Cruz de La Sierra, Potosi, Cochabamba e La Paz, na Bolívia; Puno, Lago Titicaca e Cusco, no Peru. Nesses locais, preguei para estudantes, principalmente os de

Medicina, pois, como comentei no capítulo anterior, infelizmente muitos deles não conseguem passar no vestibular do Brasil e tentam cursar universidades latinas, pagando um valor consideravelmente menor.

    Foram aproximadamente 2.700 alunos de Medicina alcançados nessa primeira viagem. Depois, fiz um outro "mochilão" para que boa parte deles fossem batizados nas águas, e ordenei um pastor para apascentá-los. Ouvi muitos relatos sobre estudantes brasileiros que se suicidavam durante o curso, jovens que eram estupradas por taxistas, e muitos que se tornavam traficantes de drogas na tentativa de se manter e pagar seus cursos. Porém, quando o Evangelho os alcançava, era extraordinário o renovo e a devolução de honra que a fé e a perseverança proporcionavam. Hoje, muitos dos estudantes que conheci voltaram para o Brasil como médicos e continuam sua jornada de fé fervorosamente.

    Em especial, conheci uma estudante chamada Daia, uma linda gaúcha que, por muitos conflitos financeiros e emocionais, passou 16 anos tentando concluir o curso de Medicina. Após perder a assistência financeira de sua mãe, no Brasil, passou fome em Santa Cruz de La Sierra, Bolívia. Com isso, ao receber cuidados sociais através de uma amiga, se apaixonaram e esse relacionamento durou sete anos, com Daia sempre tentando voltar a cursar Medicina. No entanto, depois de uma traição de sua namorada, entrou em profunda depressão, dificultando seu retorno aos estudos. Posteriormente, se envolveu novamente com outra mulher e, mais uma vez, o relacionamento terminou em outra traição. Com seguidas temporadas de angústia, depressão e sem motivações para continuar a viver, ela estava decidida a suicidar-se. E foi nesse ínterim que a conheci, ao ser convidado para pregar em um culto para universitários em sua cidade. Depois de ter visto o anúncio do culto, ousou dar uma última chance para vida. E foi demais! O Espírito Santo a envolveu com tanto amor, redenção e generosidade que, logo no dia seguinte, ela marcou uma conversa comigo. Ao conversarmos, compartilhou sua história de vida, os traumas com as relações homossexuais frustradas, narrando, enfim, que algo muito especial havia acontecido durante minha pregação.

A Daia se tornou minha filha na fé, foi batizada nas águas e, logo em seguida, no Espírito Santo. Ela conseguiu um emprego e, depois de tanto tentar voltar aos estudos, finalmente, após 16 anos, se formou em Medicina. Depois de anos sonhando na escuridão, voltou para o Brasil como médica, e hoje exerce a profissão em um hospital em Santa Catarina.

É em narrativas como essas que podemos ver a beleza do Evangelho e seu poder fenomenal em transformar histórias de terror em belos romances, pesadelos em lindas estrofes, e traduzir lágrimas a formosos salmos da alma. Foi ao longo dessa minha trajetória nas universidades que presenciei uma geração de estudantes afundados em depressão, derrotados pela vida, tornando-se em cartas vivas do Amor. Isso, porque, onde Jesus contempla lírios nos vales, ainda que não os enxerguemos, é o suficiente para que os Céus os tornem em jardins, transformando todo o grito de desespero em hinos de liberdade.

    Outra história que me impactou profundamente foi a vida de um estudante de publicidade chamado Anderson. Esse jovem teve uma profunda experiência com o Reino de Deus em contraste com sua adolescência agitada. Viciado em drogas desde muito novo, vivia em festas *raves*, cercado por violência e conflitos com a justiça. Porém, sua mãe, uma mulher de Deus, intercedia por seu filho incessantemente. Um dia, em uma dessas festas, onde se destacava entre os demais pelas roupas caras que usava, cultuando sua popularidade e a inevitável arrogância de um maioral urbano, recebeu uma visitação sobrenatural, sendo levado para uma outra dimensão, na qual categorizou como sendo o Inferno. Pode parecer estranho de explicar, mas ele foi literalmente arrebatado para uma dimensão escura, sombria, extremamente solitária, onde seus sentidos vitais estavam hiperaguçados. Ali, ele sentia muita fome, sede e um insuportável vazio o tomava. Algo tão intenso que afirmou até ter desejado a companhia da pessoa mais desprezível que já conhecera. Nesse lugar, o silêncio era ensurdecedor e, para tentar inibir a sensação de extrema solidão e pânico, ousou raspar os dentes no chão para ouvir algum ruído.

    Profundamente desesperado, afirma ter sentido uma presença demoníaca que aumentara significativamente seu pavor e pânico. Anderson afirmou ter conhecido o Inferno e, diferente do que o senso comum relata, não é um lugar de chamas de fogo e gritos, mas um lugar de uma depressão angustiante e um imenso vazio. Psicologicamente falando, fora torturado, uma vez que esse era o local onde mais desejava sentir a presença de Deus, mas, em seu íntimo, de alguma forma, sabia que aquela seria a realidade eterna dos que escolhessem se ausentar dela. Ele conta que, quando sentiu o toque físico dos seres da maldade, voltou para o lugar da rave. Ao retomar a consciência, vivenciou um temor tão profundo que se sentiu o mais miserável de todos os homens. Desesperado pela presença de Deus, arrancou seus cabelos emaranhados em uma porção de *dreads*. E ao se ver vestido com roupas caras ousou tirá-las e rasgá--las ali mesmo. Voltando para casa literalmente nu, ele não queria mais nada. Com grande aflição, buscava por Deus e chorava copiosamente clamando por perdão e misericórdia.

No dia seguinte, as irmãs do ciclo de oração o visitaram e, sem saber o que havia acontecido, disseram que o Senhor mostrou a elas que cortava seus cabelos e dava a ele uma nova oportunidade de vida eterna. Após essa experiência, Anderson teve a clareza de sua identidade em Cristo, pois a visitação violentamente pacífica que recebeu dos Céus ocasionou irremediáveis mudanças. Em seu *campus* universitário, por exemplo, ele se tornou uma voz do Reino de Deus, subindo nas mesas e pregando sobre Jesus. Hoje, ele compõe o time sênior do Fire Universitário.

Já em 2013, conheci três adolescentes apaixonadas por Jesus que, ao ingressarem na universidade, não tinham popularidade, apoio da igreja local, muito menos vieram de famílias ricas, mas possuíam a força de um leão e a visão de águias. Elas queimavam por suas instituições acadêmicas e, depois de assistirem à minha ministração, me procuraram dizendo que receberam uma ativação para serem agentes do Reino de Deus em suas universidades. Literalmente sozinhas, cada uma de uma faculdade diferente, iniciaram seis Núcleos Fire nessas instituições. Essas meninas incendiaram a cidade de São Luís do Maranhão, gerando um avivamento entre os estudantes da região. Elas se tornaram profetas sem nome e mães de uma geração por se moverem violentamente pacíficas, através do espírito de ousadia e de um posicionamento que intimida as trevas.

De forma surpreendente, as três concluíram suas faculdades. Ludmila graduou-se em Psicologia, e hoje exerce a profissão, sendo a continuidade da porção que o Senhor derramou sobre ela na universidade. Tágila se formou em Serviço Social, tornando-se a expressão do Reino de Deus através de sua vida ministerial. E Carol é graduada em Direito, e tornou-se uma excelente acadêmica jurista. Ela também se formou em Cinema e, além de escrever vários artigos científicos reconhecidos em relevantes universidades da Europa, foi convidada para trabalhar na Netflix, auxiliando na tradução de séries para o português. Essas três meninas, Ludmila, Tágila e Carol, cada uma com sua particularidade, são a expressão da glória de Deus em nível acadêmico e social. Esse é o meu sonho, no qual me deleito em ver formando-se, aos poucos, uma geração de universitários apaixonados por Jesus, que podem traduzir o Reino de Deus e fazê-lo acessível a todos, além de palpável através das ciências, das artes e cultura. Em 1 João 2.14 afirma:

> Crianças, eu vos escrevi porque conheceis o vosso Pai. E vós, pais, eu vos escrevi porque conheceis Aquele que é desde o princípio. **Jovens, eu vos escrevi porquanto sois fortes, e a Palavra de Deus permanece em vós**, e já vencestes o Maligno. O cristão não deve ser mundano. (grifo do autor)

O inimigo sabe que a força da juventude é semelhante à de um leão. Por isso, o esgotamento emocional e a depressão, por exemplo, fazem com que os jovens desta geração se sintam como se estivessem sem presas, como predadores banguelas. Porém, saibam vocês, o rei da cadeia alimentar também se cansa, se desanima e se desnutre na ausência de alimentos e de água. Do mesmo modo, nós, seres humanos nos desgastamos e ficamos sedentos sem os recursos necessários para sobrevivermos. E isso não se restringe a questões fisiológicas, mas também engloba questões emocionais, morais e sociais. É extremamente difícil encontrar talento para música quando não há instrumentos musicais; apreciar as diversas combinações que há nas artes se não há lápis e papel. Ou, ainda, contemplar o belo em lugares em que a humanidade é reduzida a um infeliz preconceito por interesses pessoais. Assim, escravizam-se leões em nome de uma submissão cegamente egocêntrica.

No entanto, os "faraós", os grandes imperadores que ditam vaidades, não se tornam apóstolos dos quais sabem se submeter ao Maestro da sensibilidade, ao Arquiteto do amor. Pelo contrário, esses estrondosos ditadores se avaliam como deuses. Nem Constantino Magno, considerado o grande imperador romano, responsável por acabar com a perseguição aos cristãos no século IV d.C., que após afirmar-se "convertido" ao cristianismo, se tornou apóstolo, mas morreu como imperador. Historicamente falando, vemos que os imperadores não se converteram ao ponto de transformarem suas sociedades, mas encenaram uma redenção para atraírem sua população, implantaram a política do pão e circo[2], transformando enclausurados leões em palhaços por meros aplausos.

---

[2] A política do pão e circo, do latim *panem et circenses*, era a forma como os líderes do império romano lidavam com a população mais pobre. Assim, como a maior parte era analfabeta e improdutiva, tinham suas vidas garantidas pelas redistribuições promovidas pelos ricos e pelo Estado. Dessa forma, os mantinham fiéis à ordem estabelecida e conquistando o apoio da massa, brilhantemente controlada pelas elites através dessa política. (FAVERSANI, Fabio. **Panem et Circenses**: breve análise de uma perspectiva de incompreensão da pobreza no mundo romano. Varia Historia, nº 22, p. 81-87. Belo Horizonte, 2006. Disponível em *https://www.repositorio.ufop.br/bitstream/123456789/5747/1/ARTIGO_PanemCircensesBreve.pdf*. Acesso em novembro de 2019.

Assim, é nesses lugares, nos ambientes errados, que os leões, apesar de fortes e dispostos a lutar, também se cansam por se sentirem vazios, consumidos pelo entretenimento circense. E não há nada mais frustrante do que um leão banguela. Sobretudo, quando suas presas são furtadas durante a noite, em que o sono deveria ser apreciado e o sentinela deveria protegê-lo em estações de descanso. Ainda mais, voltando para nossa realidade, quando esses tais "caçadores da alegria" são nossos próprios amigos, os que nos amam e deveriam apreciar esse rugido, aquilo que emana de nossa essência. Porém, repentinamente eles se transformam em colecionadores de presas, carrascos da vida e perseguidores da nossa alegria. É nesses momentos que a alma cansadamente se ilude e, como um alucinógeno, pensa em parar de rugir. É o que diz na música "Diário de um detento", dos Racionais Mc's: "Nada deixa um homem mais doente que o abandono dos parentes!"[3]

Contudo, tolo é o homem ao tentar adestrar leões, tentando reduzir rugidos a miados, reis a escravos, até mesmo nobres a plebeus. Inconsequente é a mente dominadora ao esquecer que os invernos e as secas passam, e os leões sobrevivem, inclusive às tempestades da vida. Desde o período paleolítico até a contemporaneidade, os leões resistem aos meteoros da destruição e aos predadores. Mas eles também

---

[3] RACIONAIS. Diário de um detento. **Sobrevivendo no inferno.** Composição de Jucenir. São Paulo: Cosa Nostra, 1998.

sofrem como nós. Entretanto, basta perseverarem, e o instinto de viver os levará até encontrar seus lugares: o ecossistema adequado. Então, os outros veteranos de guerra que fizeram de feridas em troféus de perseverança aparecem nessa jornada para somarem e percorrerem juntos, suportando um ao outro, sendo violentamente pacíficos.

Há um lugar para nós, um jeito certo de vivermos, encontrando nosso ecossistema adequado ao redor de pessoas que fazem parte do que fomos feitos para viver pelo Reino. Como humanidade, somos como a lua, negros, sem luz própria. No entanto, se estivermos bem posicionados sob o Sol da Justiça, Ele, e somente Ele, será capaz de transformar nossa natureza negra e egocêntrica em "luz deste mundo" (Mateus 5.14). Por isso, não se intimide diante das adversidades da jornada, não violente o valente que existe em você, seja implacável!

"Cristo Jesus, em todo o seu esplendor, é maestro em lapidar a vida, assustar sofrimentos e pincelar sorrisos. Jesus é o artesão das emoções, capaz de reconstruir ruínas e arquitetar palácios."

capítulo 4

ousando fazer a diferença

Vivemos em uma geração na qual a cultura do erro é atraente, e a promiscuidade tornou-se uma atitude cultural. Nos últimos cem anos, as universidades foram influenciadas por filosofias ateístas humanistas, gerando um ambiente de corruptibilidade espiritual, moral, ideológica e política, em que o espírito do anticristo foi patrocinado. Porém, Deus sempre mantém seus remanescentes como uma lanterna acesa na História, que intimida as trevas. Assim, devolve a uma geração princípios e valores, uma vez que a Criação aguarda com ardente expectativa a manifestação dos filhos de Deus (Romanos 8.19). E estes não são produtos do meio, mas possuem uma identidade influenciada por sua fé. As Sagradas Escrituras fundamentam extraordinárias histórias de homens que honraram o Reino de Deus em ambientes culturalmente intelectuais, que tinham como leis crenças pagãs. Porém, por meio dos sólidos princípios de Deus, eles se tornaram influentes nessas comunidades eruditas porque tiveram "coragem para ser diferentes", como disse o pastor Hernandes Lopes em um de seus sermões.[1] Em seu *blog*, ele trouxe alguns tópicos a respeito do tema dessa pregação: a coragem para ser diferente. E utilizou como exemplo Daniel e sua forma de agir. Esse assunto me inspirou tão fortemente que, nas próximas páginas, abordarei, além dele, outros personagens que, como esse jovem, a meu ver, fizeram a diferença por onde passaram.

DANIEL
Um jovem consciente de sua identidade

Talvez, esse jovem possa ser a primeira pessoa que nos vêm à mete quando nos referimos a permanecer fiel aos princípios de Deus e não se moldar pela cultura local. Era bastante delicado ser adolescente em 606 a.C., no apogeu do domínio da Babilônia. A nação de Israel estava vivendo uma intensa temporada de apostasia, por causa do que o rei Josias havia feito, impondo algumas mudanças religiosas em seu governo. Por conta disso, o império babilônico ganhou força e poder na região, a ponto de levar cativa a nação de Jerusalém, juntamente com os utensílios sagrados do templo e toda aristocracia de Judá.

---

[1] LOPES, Hernandes Dias. **Coragem para ser diferente**. Disponível em *http://hernandesdiaslopes.com.br/coragem-para-ser-diferente/comment-page-1/*. Publicado em maio de 2004. Acesso em agosto de 2019.

Em meio à corrupção espiritual, moral, ideológica e política, Daniel possuía princípios e valores. E é justamente por esse motivo que não era mais um produto do meio, mas tinha sua identidade forjada, influenciada por sua fé. Certamente, seus pais o ensinaram a honrar a Deus acima de todas as coisas, edificando suas opiniões e valores sobre os fundamentos eternos. Sendo criado sob uma cultura de piedade e temor, em importantes fases pedagógicas na infância e na adolescência, adquiriu raízes profundas em Deus. Assim, tinha sua identidade muito bem fortalecida, o que lhe proporcionava uma extraordinária formação de opinião, a ponto de não ser influenciado pelos que viviam um relativismo moral.

Por sua ousadia e firmeza em manter seus princípios, mesmo em meio ao cativeiro babilônico, em circunstâncias nada favoráveis e longe do país onde nascera, Daniel não perdeu suas raízes. Mesmo que tivesse motivos suficientes para reclamar e se opor ao Senhor por não dispor mais de seus familiares e amigos por perto, do conforto de uma casa para chamar de lar, muito menos usufruir de direitos sociais e civis nesse território, ainda assim se manteve fiel a Deus acima de tudo.

Em um país estranho, Daniel estava longe do lar, em uma cidade onde não falavam seu idioma, muito menos professavam sua religião. Perdeu sua liberdade, pois foi levado como escravo. E ao contrário do que acontece em nosso meio, em que muitos saem de suas casas para ingressar em uma universidade, ele não tinha partido por sua livre e espontânea vontade para ser um estudante. Porém, mesmo mediante essas indescritíveis perdas, o rapaz jamais foi influenciado pela dor ou pelas calamidades sociais, políticas ou existenciais que sofrera. Ele era um destemido influenciador do cativeiro.

Na Babilônia, estava cercado por outros deuses ligados à feitiçaria e à astrologia, e em seus templos a promiscuidade era considerada uma atitude cultural. Porém, Daniel permanecia íntegro, fiel e puro diante de Deus, fazendo a diferença por onde quer que passasse. Como se destacava entre os outros rapazes, acabou sendo escolhido para estudar em uma espécie de instituição acadêmica da Babilônia, que era como uma universidade. Proposta pelo próprio Nabucodonosor, o rei daquele país, a instituição acadêmica tinha a intenção de formar seletos jovens de nações cativas, ensinando-os História, Sociologia, Ciência, Cultura e Economia locais. Esse foi um método ditatorial, subversivo, utilizado para os tornarem influenciadores de seus próprios povos, divulgando, assim, os preceitos babilônicos. Ele também tinha a ideia de "deportar a nobreza de cada nação conquistada e integrá--la ao serviço público da Babilônia" (Lopes, 2004), transformando esses pseudosservidores públicos em gestores sobre os demais súditos conquistados. Assim, a possibilidade de se rebelarem eram menores, e se o fizessem, seria contra o seu próprio povo.

Já na universidade da época, para ingressar nessa instituição, era preciso passar por uma espécie de "vestibular", realizado em três etapas. A primeira seleção era a partir da linhagem social nobre. A segunda considerava as qualidades físicas e morais. Jovens sem nenhum defeito e de boa aparência passavam por essa fase. E a terceira, através das qualidades intelectuais. Instruídos de toda sabedoria, doutos em ciência, versados no conhecimento e competentes para servirem no palácio, esses eram os que estavam aptos a cursarem nessa instituição acadêmica da Babilônia. Além da esperança de emprego garantido e sucesso profissional:

> Os aprovados deveriam andar pelos corredores do poder. [O versículo 5 do primeiro capítulo de Daniel] nos informa que o curso da Universidade de Babilônia era de período intensivo e demorava apenas três anos. [Após graduados] iriam assistir no palácio. Era emprego no primeiro escalão do governo mais poderoso do mundo. Era uma chance de ouro. Era tudo o que um jovem queria na vida. Era tudo que um pai podia sonhar para seus filhos. Mas, cuidado: o que adianta você ganhar o mundo inteiro e perder sua alma? O que adianta você ficar rico, vendendo a sua alma ao diabo? [...] O que adianta você ter sucesso, mas perder a sua fé? O que adianta você ser famoso, mas não ter uma vida limpa? (Lopes, 2004 – acréscimos do autor)

Em outras palavras, de nada serviria ter todo sucesso possível, se uma hora ou outra isso nos levaria a perder a fé. Do que adiantaria chegar ao apogeu da fama se seríamos aprisionados em masmorras emocionais? Não vale a pena ser refém das iguarias deste mundo. Tudo o que custa a sua paz é caro demais para pagar.

Daniel estava na cidade dos sonhos, porém, como um escravo de luxo. Precisaria apenas estudar, sendo um excelente acadêmico na Universidade da Babilônia, chegando ao nível de perder a identidade para valorizar a cultura, a filosofia e a ideologia babilônicas, esquecendo-se dos princípios sagrados legados por Deus. Além de uma doutrinação pagã através do ensino acadêmico, uma das estratégias políticas impostas aos jovens levados cativos consistia em uma alimentação aparentemente comum, mas que era uma oferenda sacrificada aos ídolos. Antes de toda refeição, era realizado um ritual de consagração a essas figuras divinas. Sendo assim, alimentar-se daquelas iguarias da mesa do rei significava cultuar seus deuses e ser conivente com essas práticas. Curioso, não?

Diante disso, fico imaginando as constantes críticas proferidas sobre Daniel, por voluntariamente escolher não se contaminar com essas comidas do palácio. Ele preferia ser fiel ao Rei dos reis do que se importar com o que poderia sofrer com as punições de prisão ou morte impostas pelo reinado de Nabucodonosor. Com essa postura, sua identidade firmada nos ensina que jamais devemos ser espiritualmente vulneráveis, e muito menos ter nossos valores e fé sabotados, ainda que tivéssemos nossos nomes trocados como o de Daniel e seus amigos no cativeiro. Essa era uma das tantas táticas para que, estrategicamente, esquecessem de seus passados, famílias e cultura. No entanto, o que eles não sabiam é que, para o povo hebreu, quando os pais escolhiam o nome de uma criança, baseavam-se no resultado de uma experiência que tiveram com Deus, e esta nenhum homem poderá apagar de nós!

Com esse recurso, conseguiriam dissuadir esses jovens de suas convicções firmadas no Senhor. Adicionado a isso, a metodologia da Universidade da Babilônia pretendia incutir princípios, valores e convicções inéditos. Exatamente por isso que mudavam seus nomes, para esquecerem de suas raízes e princípios culturais. Agora estavam inseridos em outra realidade, devendo aprender como ela funcionava. Porém, uma sólida identidade em Deus intimida sistemas, questiona culturas e afronta as trevas. Certamente, outros judeus que foram levados cativos se inconformaram com a posição aparentemente radical de Daniel. Talvez até o ridicularizassem por vislumbrarem as propostas da universidade como irrecusáveis. Eles foram convencidos a abandonar as verdades absolutas das Escrituras, pois estavam, nas palavras do próprio Hernandes Dias Lopes, "estudando o avanço das ciências sociais", as novas propostas filosóficas que trariam mudanças comportamentais e sociais. Embriagaram-se com as perspectivas de terem posses, muitos bens, fortunas e popularidade que Babilônia proporcionaria. Acreditavam no que a universidade declamava: "Jerusalém é repressora, seu Deus é rígido e cheio de preconceitos". Com isso, muitos deles abandonaram sua fé, em razão de praticamente tudo em sua volta poder se tornar apropriado dependendo da situação ou circunstância (Lopes, 2004).

Os tempos estavam mudando depressa, e eles precisavam adaptar-se às transformações trazidas pela influência da cultura babilônica. Nem um pouco parecido com o que vivemos nos dias de hoje, não? Todavia, Daniel, como um dos remanescentes escolhidos pelo Senhor, compreendia que Nabucodonosor poderia saquear socialmente sua nação, mas jamais teria autoridade para escravizar sua alma. Ele entendia que a "babilonização" era uma porta aberta para a apostasia, e que as filosofias pagãs humanistas eram de procedências malignas. Por isso, mesmo sabendo que poderia correr risco de morte, por onde passava, fazia diferença, tornando-se cada vez mais relevante e ganhando notoriedade entre seu povo e os demais dessa nova terra.

Daniel se encontrava na Babilônia, mas tinha plena convicção de que não fazia parte dela. Ele foi corajoso em sua decisão, pois podia perder a vida, mas era um homem de princípios. Seu maior projeto era honrar a Deus no lugar onde se encontrava, independentemente de onde fosse. Sendo sábio em sua escolha, teve tato para lidar com as dificuldades do dia a dia. Ele mostrou sabedoria, teve firmeza, agiu com gentileza, foi ousado, sensível e perseverante. Surpreendentemente, não estava aberto a essas mudanças, uma vez que sua fidelidade a Deus era inegociável. Por isso, em todos os seus posicionamentos, Deus o honrou.

Por fim, como conclusão desse curso na Babilônia, os jovens deveriam passar por uma espécie de questionário feito pelo próprio Nabucodonosor, que poderia ser comparado com uma "monografia". Mas, para Daniel e seus amigos, essa fora uma tarefa bem simples, sendo eles aprovados com louvor. O sucesso foi tamanho que eles foram reconhecidos como os mais sábios de todo o reino, assumindo os mais altos cargos de importância da época. Isso é devido à sua escolha de ser fiéis, no mínimo que fosse, ao Senhor. Então, Ele os recompensou com um nível elevado de sabedoria, erudição, e os destacando entre os sábios anciões babilônicos. Apesar de trabalharem no próprio palácio do rei da Babilônia, na verdade, eles serviam ao Rei dos reis.

Como primeiro-ministro da Babilônia, Daniel se tornou um dos homens mais importantes. Acima dele, apenas Nabucodonosor estava. Milênios se passaram, esse reinado sucumbiu, mas Daniel continua nos enriquecendo com seu exemplo e sua sabedoria através do Reino de Deus. Em sua geração, reis subiram e desceram do trono, mas Daniel permaneceu como um homem incontaminável simplesmente por saber fazer a diferença, se tornando relevante por onde quer que fosse.

ESTEVÃO
O pai do movimento missionário de Atos

Uma outra pessoa que não se intimidou diante de uma sociedade corrompida e confrontou seus ideais com os princípios do Reino de Deus foi Estevão. Sua extraordinária história é narrada por um médico grego, chamado Lucas, o autor do livro dos Atos dos Apóstolos. Há relatos de que foi assassinado com aproximadamente 29 anos de idade. Através dele, o Evangelho pôde ultrapassar fronteiras, chegando aos helenistas, isto é, aqueles que continuavam a filosofia e a cultura gregas.

Com isso, havendo a necessidade de solucionar os conflitos transculturais, o colégio apostólico escolheu sete jovens de boa reputação, cheios do Espírito Santo e de sabedoria para assumirem situações delicadas entre vulneráveis membros da Igreja primitiva, solucionando os conflitos sociais dos que possuíam uma cultura intelectual diferenciada, porém, necessitados da distribuição diária de alimentos. E entre esses jovens, Estevão se destacava. Com uma reputação admirável, foi escolhido porque sua sabedoria influenciava a todos da cultura grega, gerando um intenso avivamento transcultural. Portanto, foi considerado o pai do movimento de missões do livro de Atos.

Agora, se pararmos por um minuto para pensar em nossa geração, como estamos lidando com a preparação para nosso chamado? Será que nossa postura honra o Espírito Santo, assim como nossa reputação manifesta a glória de Deus nos contextos em que a filosofia ateísta humanista e o secularismo são características culturais? Essas perguntas não precisam ser respondidas agora. Mas servem para nos fazer pensar enquanto desbravamos essas histórias, que possamos avaliar nosso coração e nossas atitudes, em relação aos ambientes eruditos de nosso tempo, assim como nos locais onde nos encontramos. Pois, na contemporaneidade, temos visto cada vez mais o interior humano se tornar uma vitrine, já que não existe nem um segredo sequer que seu comportamento não revele. Se compreendermos o poder de nossa postura como agentes do Reino de Deus, naturalmente a Terra nos respeitará como embaixadores dos Céus. Dessa forma, exerceremos a sabedoria do Senhor em estações de conflitos, como também poderemos nos mover no dom profético através do poder e das maravilhas concedidas no Espírito Santo.

Tendo essa mentalidade bem formada, vemos em Atos 6 que Estevão foi capaz de solucionar conflitos entre as senhoras viúvas helenistas e, do mesmo modo, responder de forma inteligente e sobrenatural às perguntas dos cidadãos de Alexandria, umas das cidades mais importantes do mundo antigo, dos sábios da Cilícia e da Ásia. Assim, o Evangelho ultrapassou fronteiras, e Estevão se tornou um missionário pioneiro entre os gregos e as pessoas de nações pagãs. Por isso, multiplicava-se o número dos discípulos no primeiro século e muitos sinais eram realizados. Ele teve ousadia para ser diferente, pois, ainda que fosse odiado pela elite intelectual e religiosa da época, sabia deixar uma marca por onde passava. Ao ser preso e acusado de desonrar as tradições de Moisés e por blasfêmia, fez o mais sábio discurso, composto por palavras de devolução de honra aos pais na fé do judaísmo, afirmando que todos estes apontavam seus legados de fé ao Sol da Justiça, ao Salvador dos homens, Aquele que colocara o mais puro sorriso nas crianças e que, naqueles dias, havia sido crucificado no governo de Pôncio Pilatos. No entanto, Ele surpreendeu o caos da desesperança, amordaçou o luto, sentenciou a morte e ressuscitou de forma gloriosa, dando acesso à Sala do Trono aos mendigos da eternidade, os que carecem da salvação e os que são, por meio do fenômeno do arrependimento, restaurados por Sua sensibilidade e amor.

Estevão tinha clareza da santidade messiânica de Jesus e, por isso, fez a diferença por todos os lugares onde passava. Foi por servir honrosamente às viúvas que ele se destacou através da sensibilidade e, assim, ao assumir sua geração, proporcionou que o mover profético fosse revelado aos homens mais cultos entre os religiosos de seu tempo. Ele também sabia quem era e não precisava da aprovação de pessoas nem de reconhecimento para exercer seu chamado. Antes de ser escolhido, Estevão foi esquecido. Logo em seguida, foi reconhecido entre os apóstolos e nomeado para simplesmente continuar trazendo os Céus para a Terra, exatamente como já fazia antes de ser evidenciado publicamente.

Posto isso, será que temos cumprido com excelência o chamado e o propósito que recebemos como nossa incumbência antes de sermos reconhecidos publicamente? É fundamental termos essa convicção bem firmada em nossos corações. Pois adquirir raízes profundas intimidará as diversas tempestades contra nossa rota ministerial. Mas, ao mesmo tempo, nos fará triunfar sobre as adversidades, revelando o Reino de Deus em nossa geração.

Estevão foi caluniado e odiado pelos líderes religiosos de sua época, contudo, o mau que tentaram lhe causar não afetou sua fé, mas, de forma incrível, revelou ainda mais o mover profético a ponto de transformar seu semblante. Ao permanecer fiel, mesmo quando estava sendo apedrejado, seu rosto se parecia com o de um anjo: "Então, todos os que estavam assentados no conselho, fixando os olhos nele, viram o seu rosto como o rosto de um anjo" (Atos 6.15 – ARC). Esse homem foi pioneiro por revolucionar a pregação em sua geração, sendo o primeiro a ministrar para os gregos. Porém, teve um ministério breve, com apenas 53 versículos, expondo o influente e odiado discurso mais sábio de seu tempo, devolvendo a honra à geração passada, discipulando a geração presente e deixando um legado às futuras, como nós.

Estêvão nos ensina os processos para um chamado de sucesso, sendo fiel com excelência em toda e qualquer situação. Primeiro, sendo esquecido, depois reconhecido publicamente, após caluniado, em seguida apedrejado e, finalmente, transferindo a unção e missão para as futuras gerações, quando sua capa fora deixada aos pés de um jovem fariseu chamado Saulo. Se formos analisar ao longo das Escrituras, a capa representa a unção que um ministro carregava e, portanto, está expressamente conectada com a transferência dela, quando passada para outra pessoa. O maior profeta do Antigo Testamento, Elias, que, ao ser transladado, entregou sua capa para seu discípulo Eliseu, deixando um legado para ele realizasse obras maiores que seu mestre. Sendo assim, na morte de Estêvão, "as testemunhas deixaram suas roupas aos pés de um jovem chamado Saulo" (Atos 6.58). Logo, a unção e a missão que estavam sobre Estêvão foram transferidas para aquele jovem. Sendo assim, ele se tornou o apóstolo Paulo, dando continuidade ao ministério de Estêvão, simplesmente pelo fato de cumprir com seu propósito, sendo relevante por ter sido diferente sob todas as situações e circunstâncias, ainda que perante a morte!

PAULO DE TARSO
O apóstolo cosmopolita

Saulo teve uma jornada social privilegiada. Ele era da cidade de Tarso, na Cilícia, atual Turquia, região predominantemente de cultura grega, próximo do Mar Mediterrâneo. Os registros históricos afirmam que a cidade de Tarso era composta por uma intensa movimentação cultural grega, chegando a comparar-se com a cidade de Atenas, por exemplo, a capital da Grécia. Muito provavelmente, isso se deve ao fato de Alexandre, o Grande, no século IV a.C., ser apaixonado pela cultura grega. E ao conquistar aproximadamente 188 cidades, batizando-as em sua própria homenagem como cidades alexandrinas, expandiu nessas localidades os conceitos literários, políticos, filosóficos e jurídicos da Grécia clássica, ficando conhecido na História como a carruagem do movimento helenista. No entanto, quando Alexandre, o Grande, assume a posição de faraó do Egito, edifica nesse local a maior de todas cidades alexandrinas. Essa metrópole se tornou o maior centro cultural do mundo antigo, sendo conhecida pela relevância de sua biblioteca com milhares de exemplares e tendo notoriedade por seu admirável farol, o famoso "Farol de Alexandria", considerado uma das setes maravilhas do mundo antigo.

Tendo isso em vista, nota-se que Tarso era como uma dessas cidades. O que significa dizer que Saulo obteve ensino pedagógico através das literaturas da Grécia clássica, como a *Ilíada* ou a *Odisseia*, escritas por Homero no século VIII a.C., evidenciando, sobretudo, o politeísmo grego. Certamente, Saulo estudou sobre os vários deuses pagãos, bem como também teria mergulhado de forma significativa nos fundamentos que conceituam o comportamento ético, em razão de Sócrates ter sido o pai da ética no século V a.C. Sendo assim, podemos dizer que, provavelmente, as 13 cartas paulinas sejam de cunho ético e comportamental no âmbito eclesiástico, pois nos ensinam como devemos nos portar em comunidade, como cristãos, nos aspectos de cidadania, matrimoniais e a seriedade em termos uma índole como a de Cristo Jesus em nível social. Certamente, Saulo também tenha lido os grandes filósofos gregos, sobretudo Platão, o pai das relações sociopolíticas, pois discursava com maestria sobre honrar as autoridades, os deveres e os valores que os cristãos deveriam exercer em comunidade, além de fazer perfeita defesa como cidadão romano.

Como se não bastasse toda cultura sobre o mundo mesopotâmico adquirida na cidade de Tarso, Saulo também era fariseu, zeloso defensor das tradições judaicas. Obviamente, possuía um conhecimento sobre a lei e os profetas que intimidava os leigos e surpreendia os mestres. Além de ter sido rigorosamente doutrinado judaicamente na escola de Gamaliel (Atos 22.1-3), que garantia uma espécie de graduação na teologia judaica, ensinando os costumes, os ritos religiosos, a história, a sociologia, a filosofia e a antropologia segundo a visão de mundo judaico. Conforme o próprio Saulo disse em Atos 23.6: "sou fariseu, filho de fariseu", dedicando-se exclusivamente em conhecer sobre Deus através do intenso estudo das escrituras judaicas.

Porém, aquele que adquirira um certo conhecimento sobre Deus através de sua religiosidade só teve a revelação sobre Jesus, de fato, após ser impactado pela luz a caminho de Damasco, e, assim, caindo do cavalo, ficou três dias na escuridão (Atos 9). Após isso, creio que Cristo organizou o interior de Saulo, sucumbindo pelo seu senso de perfeita moralidade e religiosidade, do mesmo modo que organizara o mundo. Pois foi Ele quem estava no início do criacionismo como o verbo "Haja". "E disse Deus: Haja Luz" (Gênesis 1.3), e a luz denunciou o caos escondido nas trevas. E através do poder do "Haja", o caos foi organizado e o que estava sobre o domínio das trevas era "sem forma e vazia", com a luz, esses abismos foram transformados em um santuário denominado como o Jardim no Éden. Com isso, o verbo "Haja", de Gênesis 1, se tornou carne e habitou entre nós. Assim, quando Saulo de Tarso viu o Cristo glorificado a caminho de Damasco, seu espírito foi impactado pela luz, e o encontro com o Evangelho denunciou o caos escondido nas trevas de sua alma. Em seguida, ele precisou ficar cego, para, então, a partir desse momento, começar a ver o mundo como ele de fato o é: escuro!

Do mesmo modo, nós até podemos saber sobre Deus através da uma religião, independentemente de qual for, como Saulo tinha conhecimento desde pequeno. No entanto, só conhecemos a Jesus realmente após "cair do nosso cavalo" e ficarmos "três dias na escuridão". Em outras palavras, esta revelação só será possível de ser reconhecida em nosso coração depois que os conceitos antropocêntricos forem substituídos pela graça cristocêntrica, em que apenas Cristo é o centro. E exatamente por isso que após Saulo sofrer a experiência do encontro com Jesus, ele teve uma inevitável mudança extraordinária em sua natureza humana, pois suas convicções religiosas, de extremos comportamentos e de intolerância, foram substituídas por amor, poesia, dedicação e honra ao legado de salvação de Cristo Jesus. De um terrorista perseguidor às comunidades cristãs do primeiro século, tornou-se um sensível escritor de cartas, dando continuidade à glória do Redentor em sociedades gregas.

De forma curiosa, Deus permitiu Saulo nascer em Tarso, adquirir a centralidade da cultura grega através dos conceitos filosóficos, políticos, jurídicos e literários para que, após o encontro com a resplandecente Estrela da Manhã a caminho de Damasco, pudesse traduzir o Soberano, através do idioma cultural grego a essa comunidade. Após se tornar cristão, Saulo assumiu a identidade romana, sendo chamado, daquele momento em diante, Paulo de Tarso. Com isso, de forma fervorosa e extraordinária, ministrou para aproximadamente 90% da população grega de seu tempo, além de pregar para bárbaros, citas, sírios e romanos, como ele mesmo escreve:

Todavia, o Senhor permaneceu ao meu lado e me abençoou com forças para que por meu intermédio a Mensagem fosse plenamente proclamada, e todos os que não são judeus me ouvissem. E eu fui livrado da boca do leão! (2 Timóteo 4.17 – grifo do autor)

Ele sim teve a "coragem para ser diferente" de todos os outros discípulos que pregavam o Evangelho, ousando ultrapassar os limites socioculturais por onde passava. Nada poderia pará-lo após o encontro genuíno com o Salvador. E, aproximadamente 13 anos após o mundo contemplar o Cristo crucificado, morto e ressurreto, a convite de Barnabé, Paulo imigrou para Antioquia na Síria, local de iminente avivamento entre os não judeus. Pois ali existiam mestres e profetas, tendo em vista que a segunda geração dos discípulos do primeiro século vinha de vários lugares do mundo.

Depois de Roma e Alexandria, no Egito, Antioquia era a terceira maior cidade do império romano. Nela, diferentemente da Igreja em Jerusalém, em que os cristãos continuavam os costumes judaicos, havia uma pluralidade de pessoas de outras nações e culturas, as quais, em sua grande maioria, vinham do paganismo: "Na igreja em Antioquia havia profetas e mestres: Barnabé, Simeão, Niger, Lucio de Cirene, Manaém que era irmão de Herodes o Governador e Saulo" (Atos 13.1).

Começando por Antioquia, Paulo foi um modelador de cultura sobre as nações da Terra, como apresenta a revista Superinteressante em uma matéria[2] exclusiva sobre a jornada missionária do apóstolo, narrando sua extraordinária influência sobre a expansão transcultural do cristianismo às principais cidades do Império Romano:

> Durante 12 anos, de 46 a 58 d.C. Paulo empreendeu quatro viagens missionárias, visitando boa parte do Império Romano, que se estendia da Grã-Bretanha ao Oriente Médio, passando pelo norte da África. Eram jornadas árduas, feitas a pé ou de navio, sempre na companhia de outros discípulos. Quando viajavam por terra, seguiam pelas estradas romanas, percorrendo 30 quilômetros por dia. O perigo os espreitava [...] A estratégia pastoral de Paulo era bem definida. Pregava nas sinagogas, em casas e praças de grandes centros urbanos, que funcionavam como polos irradiadores da mensagem. Ao sair, designava um líder responsável pelo rebanho. [...] O ponto alto dessa jornada foi a pregação na Europa. Pela primeira vez, a palavra de Deus deixava a Ásia e espalhava-se por um novo continente. Paulo visitou várias cidades gregas, fundando importantes núcleos cristãos. Foi por causa dessa passagem da Ásia para a Europa que o cristianismo sobreviveu e se desenvolveu a nível transcultural. [...] No outono do no 60 d.C. O apóstolo foi enviado à capital imperial, uma cidade com quase 1 milhão de moradores. Paulo foi saudado

---

[2] VASCONCELOS, Y. Paulo. **O homem que inventou Cristo**. Revista Superinteressante: História. Editora Abril, 2003. *Disponível em https:// super.abril.com.br/historia/o-homem-que-inventou-cristo/.* Acesso em novembro de 2019.

pela comunidade cristã e permaneceu em prisão domiciliar, vigiada por soldados. Encontrava-se com as pessoas, mas não podia sair de casa. Aproveitou esse período para transmitir a palavra de Deus. Depois de dois anos de cativeiro, seu processo foi encerrado sem uma sentença condenatória.

Paulo foi um erudito tradutor do Reino dos Céus aos pagãos de sua geração. Ele sabia ser diferente dos outros cristãos que o acercavam e andavam com ele, mesmo sob a perseguição dos impiedosos imperadores romanos. Podemos notar muitas de suas ações descritas na Bíblia e em relatos históricos. Aproximadamente no ano 49 da era cristã houve o concílio em Jerusalém, narrado em Atos 15, em que os conflitos transculturais sobre a mensagem do Evangelho em regiões gregas desagradavam os cristãos judeus, sobretudo os da igreja em Jerusalém, liderada por Pedro. Após uma delicada e polêmica reflexão sobre a necessidade da circuncisão aos pagãos recém-convertidos, Paulo defende que não seria necessário aos cristãos da Macedônia, Ásia e de cultura romana e grega se circuncidarem. Seu argumento era que o fenômeno da graça em Cristo Jesus que os alcançara também havia ganhado os corações dos não judeus através da Grande Comissão, pelo fato de se arrependerem de seus pecados. Assim, Paulo teve coragem para ser um formador de opinião dentro do respeitável e temido colégio apostólico, de modo que pudesse continuar a expor a mensagem cristocêntrica entre povos de cultura helênica e pagã. Por esse motivo, foi denominado como o apóstolo dos gentios, enquanto Pedro, o dos judeus.

Toda a bagagem cultural que possuía o permitiu, após sua conversão, ser utilizada como uma importante ferramenta para a expansão do Reino de Deus em sociedades eruditas e repletas de intelectuais. Além do mais, também fora intimamente liderado pelo mover profético e por sinais e maravilhas que o acompanhavam. Em Atos 14, Paulo e Barnabé, em sua primeira viagem missionária, visitaram o local onde Timóteo residia. Listra, a cidade grega de peregrinação mística, contemplada por ter o templo de Zeus, o deus supremo da mitologia grega. Ao chegarem nesse local, havia um ancião que nunca havia andado, logo, passara toda uma vida sentado em uma cadeira, e, após ouvir com atenção a ministração dos apóstolos, Paulo ordenou que ele ficasse em pé. Através do mover profético, o ancião saiu correndo pelas ruas ao ser curado instantaneamente. Agitando toda a cidade, que, ao verem o impossível acontecer, gritaram ensandecidos "os deuses do panteão desceram até nós", e com isso a Paulo chamaram de Hermes e a Barnabé denominaram Zeus. Esse choque transcultural causou tanto alarde que o próprio sacerdote do templo pagão trouxe sacrifícios a Paulo e a Barnabé:

> O sacerdote de Zeus, cujo templo fora construído na entrada da cidade, trouxe bois e coroas de flores à porta da cidade,

porque ele e a população desejavam oferecer-lhes sacrifícios. Quando os apóstolos Barnabé e Paulo ouviram isso, rasgaram as suas roupas e correram para o meio da multidão, exclamando: "Homens! Por que fazeis isto? Pois nós também somos humanos, de natureza semelhante à vossa. E vos temos anunciado o Evangelho para que vos afasteis dessas práticas inúteis e vos convertais ao Deus vivo, que fez o céu, a terra, o mar e tudo o que neles existe. Em tempos passados Ele permitiu que todas as nações andassem segundo seus próprios caminhos, no entanto, Deus não ficou sem dar testemunho sobre sua própria pessoa, pois demonstrou sua bondade, enviando-vos do céu as chuvas, e as estações das colheitas, cada uma a seu tempo, concedendo-vos sustento com fartura e enchendo-vos o coração de alegria!". Mesmo com essas explicações, ainda foi difícil evitar que as multidões lhes homenageassem por meio de sacrifícios. (Atos 14.13-18)

Assim, Paulo se tornou um cosmopolita, isto é, aquele que possui uma pluralidade transcultural, considerado cidadão de todo o mundo, um poliglota com poder diplomático e com várias cidadanias. Ele, sim, foi uma carta viva da cultura dos Céus sobre a Terra.

Um dos pontos altos de sua jornada foi seu extraordinário discurso em Atenas entre 51 e 52 d.C. Imagine alguém fisicamente nada atraente, com aproximadamente 1,50 metro de altura, cabeça inchada – devido às incontáveis vezes em que foi jogado de cima de muralhas, sofrendo motins e inúmeros espancamentos públicos –, além do mais, era manco e míope. Projetando essa imagem de quem o apóstolo era, pense como deve ter sido para ele entrar na Acrópole de Atenas, uma extraordinária construção composta por incríveis templos gregos, como o Partenon e o Erecteion, situados no alto de uma colina na imponente, poderosa e intimidadora capital grega. Mesmo tendo ciência dessa magnitude, com ousadia, o apóstolo Paulo fez um dos mais inspiradores discursos do Novo Testamento. Não se deixou ser intimidado com o nível de requinte histórico que aquela gloriosa região geográfica contemplava, mas dentro do Areópago – um respeitado tribunal de justiça ou conselho da aristocracia ateniense – fez um perfeito discurso honrando a cultura local e ovacionando o complexo dos tempos pagãos ao retratar especificamente o templo intitulado como "Altar ao Deus desconhecido":

> Sendo assim, Paulo levantou-se no meio da reunião do Areópago e discursou: "Caros atenienses! Percebo que sob todos os aspectos sois muitíssimo religiosos, pois, caminhando pela cidade, observei cautelosamente seus objetos de adoração e encontrei até um altar com a seguinte inscrição: AO DEUS DESCONHECIDO. Ora, pois é exatamente este a quem cultuais em vossa ignorância, que eu passo a vos apresentar. O Deus que criou o Universo e tudo o que nele existe é o Senhor dos céus e da terra, e não habita em santuários produzidos por mãos humanas. Ele também não é servido pelas mãos dos homens, como se precisasse de

algo, porquanto Ele mesmo concede a todos a vida, o fôlego e supre todas as nossas demais necessidades. De um só homem fez Deus todas as raças humanas, a fim de que povoassem a terra, havendo determinado previamente as épocas e os lugares exatos onde deveriam habitar. Deus assim procedeu para que a humanidade o buscasse e provavelmente, como que tateando, o pudesse encontrar, ainda que, de fato, não esteja distante de cada um de nós: 'Pois nele vivemos, nos movimentamos e existimos', como declararam alguns de vossos poetas: 'Porquanto dele também somos descendentes'. Portanto, considerando que somos geração de Deus, não devemos acreditar que a Divindade possa ser semelhante a uma imagem de ouro, prata ou pedra, esculpida pela arte e idealização humana. Em épocas passadas, Deus não levou em conta essa falta de sabedoria, mas agora ordena que todas as pessoas, em todos os lugares, cheguem ao arrependimento. Porque determinou um dia em que julgará o mundo com o rigor de sua justiça, por meio do homem que para isso estabeleceu. E, quanto a isso, Ele deu provas a todos, ao ressuscitá-lo dentre os mortos!". Uns debocham, outros creem. Entretanto, alguns deles, assim que ouviram falar sobre a ressurreição dos mortos, começaram a dizer zombarias, e outros, ainda, exclamavam: "Sobre esse assunto te daremos ouvidos numa outra oportunidade". Depois dessas palavras, Paulo se retirou do meio deles. (Atos 17.22-33)

Ele ousou ser diferente, ainda que não o ouvissem, pois sabia quem era e como deveria se portar em meio à sociedade em que vivia.

Entre 53 a 57 da era cristã, Paulo foi à cidade de Éfeso, capital da Ásia Menor, deixando como legado um extraordinário impacto de mudança cultural (Atos 19). Nesse local havia uma das sete maravilhas do mundo antigo, o templo da deusa grega Artemisa, romanizado como deusa Diana. A cidade de Éfeso também possuía um extraordinário anfiteatro, com capacidade para 25 mil pessoas. Era rica em cultura artística e intensamente intelectual, com aproximadamente 500 mil habitantes. Provavelmente, conclui-se que o filosofo pós-socrático Heráclito – conhecido como pai da dialética – tenha estudado em Éfeso.

Anualmente, como vemos em relatos históricos, a cidade fazia uma espécie de festa folclórica liderada pelos sacerdotes do templo de Diana, que reunia aproximadamente 200 mil pessoas. Exatamente nos dias dessa festa, Paulo entrou na cidade. Ao chegar, acompanhado pelo casal Áquila e Priscila, pertencentes à nobreza grega, encontraram um grupo que estava em oração. Esses 12 homens foram alcançados com arrependimento, através do batismo nas águas. Logo que os viu, Paulo indagou-os ousadamente se haviam recebido o batismo de fogo e poder. E como um coro, os 12 homens disseram que nem sequer souberam da existência do Espírito Santo. Penso que, nesse momento, com um sorriso de amor e um olhar profético, eles oraram pelo batismo do fogo. Relembrar essa narrativa histórica, de como a cidade de Éfeso foi alcançada, me empolga! A oração desses homens estabeleceu um altar de adoração a Jesus sobre aquele lugar. Atos 19 narra que o apóstolo Paulo ensinava fervorosamente na sinagoga e na escola de Tirano, e muitos milagres aconteciam. O mover profético era tão palpável que os espíritos imundos eram expelidos e até seu lenço curava. A mudança transcultural era tão visível que as pessoas queimavam livros de ocultismo em praça pública:

> Deus fazia milagres maravilhosos por meio das mãos de Paulo, de tal maneira, que até lenços e aventais que Paulo usava eram levados e colocados sobre os doentes. Estes eram curados de todas as suas enfermidades, assim como espíritos malignos eram expelidos deles. [...] Assim que esse acontecimento se tornou conhecido de todos os judeus e gregos que habitavam em Éfeso, toda a população foi tomada de grande temor, e o Nome do Senhor Jesus era engrandecido. Muitos dos que creram, assim que chegavam, começavam a confessar e a declarar em público suas más obras praticadas. Da mesma forma, muitos dos que haviam se dedicado ao ocultismo, reunindo seus livros de magia, os queimaram diante de toda a comunidade reunida. Calculados os seus preços, chegou-se à estimativa de que o valor total equivalia a cinquenta mil moedas de prata. E assim, a Palavra do Senhor era grandemente propagada e prevalecia poderosamente. (Atos 19.11-20)

Além de expansão do Reino de Deus em Éfeso, a jornada ministerial de Paulo também abalou a economia local, pois muitos pagãos deixaram de consumir os produtos feitos pelos artistas plásticos da cidade, que confeccionavam esculturas da deusa Ártemis e Diana:

> Um ourives chamado Demétrio, que confeccionava miniaturas de prata do templo de Diana e proporcionava grandes lucros aos artífices, promoveu uma reunião destes com os demais trabalhadores dessa profissão e lhes declarou: "Senhores! Sabeis que deste ofício vem o nosso enriquecimento. E estais observando e ouvindo que não apenas em Éfeso, como também em quase toda a província da Ásia, esse indivíduo Paulo, tem persuadido e alterado o modo de viver de muitas pessoas, afirmando que deuses feitos por mãos humanas não têm poder divino! Ao continuar isso, corremos o risco de ver não apenas nossa arte perder o prestígio que ostenta diante de todos, como também de o templo de a grande deusa Diana cair em descrédito. E mais, de a própria deusa, hoje adorada em toda a província da Ásia e em todo o mundo, ser destituída de sua majestade divina".
> (Atos 19.24-27)

O apóstolo Paulo foi um homem inigualável, alterando completamente a forma como as pessoas de sua época levavam a vida, que se permitiam ser abraçadas pelo Evangelho. Assim, vemos o Reino de Deus se evidenciando com poder e maravilhas de Atos 1 a 15. Porém, de Atos 15 ao 28 há não apenas a manifestação do poder, mas, sim, das ações que culminaram em uma mudança cultural. O apóstolo Paulo agiu no sobrenatural para que essa conversão transcultural do Reino de Deus pudesse alcançar não apenas os judeus e os gentios, mas os homens do mais alto escalão, os eruditos filósofos, artistas, sacerdotes e juristas.

Por fim, podemos notar que Daniel, Estevão e o apóstolo Paulo foram frutos de um encontro íntimo com o Criador, o qual os proporcionou uma identidade firmada, tendo a plena consciência de quem eram e o porquê deviam se posicionar trazendo o Reino dos Céus por onde andavam. Assim como Jesus, que antes de seguir Seu ministério foi reconhecido por Deus, também necessitamos encontrar nossa identidade divina n'Ele antes de fazermos qualquer coisa. Somente depois de ouvirmos d'Ele o que somos e não do mundo que nos cerca, poderemos ser diferentes por onde quer que formos, e assim, nos tornaremos relevantes, independentemente das circunstâncias que nos rodearem, como esses três jovens fizeram. Esta é uma escolha pessoal, de busca única e exclusivamente sua. Queira assim como Jesus ouvir estas palavras do Pai:

> E, sendo Jesus batizado, saiu logo da água, e eis que se abriram os céus, e viu o Espírito de Deus descendo como pomba e vindo sobre Ele. Em seguida, uma voz dos céus disse: "Este é meu Filho amado, em quem muito me agrado".
> (Mateus 3.16-17)

"A Graça reforma a ótica humana, apontando para a esperança, convocando a perseverança e transformando o cansaço em capítulos de honra."

capítulo 5

graça ensandecida

Foi criando coragem para ser diferente que meu coração queimou pelas instituições acadêmicas, e assim como as civilizações gregas e babilônicas, o nível de intelectualidade, erudição, relativismo moral, a cultura de promiscuidade e, principalmente nos dias de hoje, a militância a partir das múltiplas linhas filosóficas ateístas humanistas ou sincretistas conservadoras, atuam com um interesse estrategicamente político. Voluntariamente, decidi navegar exclusivamente nas águas da graça de Deus, sem que fosse minimamente influenciado pela crescente massa midiática, que diminui o outro em nome de um debate discursivo ou que extermina a humanidade em relação ao seu semelhante por simplesmente pensar diferente.

Como vimos anteriormente, no último século a contemporaneidade fez que os afetos fossem sentenciados. Tanto é verdade que, de uma forma global, podemos considerar que a I e a II Guerras Mundiais deixaram um legado genocida. Isto é, um assassinato em massa da própria humanidade, tanto física, aos que morreram com esses episódios, quanto moral e mental aos sobreviventes. E tão deplorável quanto os arquivos históricos do homem pós-guerra, é o genocídio afetivo: a coletiva morte dos afetos interpessoais. Dessa forma, o homem contemporâneo acabou sustentando-se em grande proporção de sua vida apaticamente – um estado emocional de indiferença –, alguns vivendo em adversidade ao próximo – um sentimento de repulsa diante a alguém –, já outros, ocasionalmente, em grupos sociais de identificações tribais sendo simpáticos – aqueles que tratam as pessoas com educação.

No entanto, para algumas linhas filosóficas, a simpatia é um sentimento sem produção, pois apenas representa um mecanismo de comunicação da percepção das nossas emoções. Ou, como dizem, representa "a esmola dos sentimentos". Isso porque as pessoas em seu estado de natureza, como reflete Hobbes[1], assaltam, torturam e abusam sem qualquer relação de comoção moral ligada a um comportamento de simpatia, por serem más em sua essência. Trazendo à tona a famosa frase hobbesiana: "O homem é lobo do próprio homem"[2].

---

[1] Thomas Hobbes foi um teórico político, filósofo e matemático inglês. Sua obra mais renomada é *Leviatã*, que defende um governo centralizador com o absolutismo e com a elaboração da sua tese sobre o contrato social.

[2] HOBBES, T. **Leviatã**. São Paulo: Martins Claret, 2008.

Porém, quando somos impactados pela extraordinária graça de Deus, nossa natureza é influenciada pelo caráter de Cristo Jesus e, inevitavelmente, somos envolvidos por sua empatia que, consequentemente, gera em nós uma capacidade de nos colocar no lugar do outro, sentindo o que ele sente.

A palavra empatia é uma das que transformam as relações humanas, pois tentar compreender o universo de outro alguém é o primeiro passo para apresentar o fenômeno chamado "graça" para as pessoas, e, assim, transformar suas histórias, as quais muitas vezes são repletas de tragédias, em lindos roteiros de amor. Sendo assim, foi carregando uma mensagem embasada na perspectiva dos Céus a uma geração de acadêmicos que pude presenciar narrativas de extrema dor serem transformadas nas mais belas biografias que alguém poderia apreciar. Pois esse fenômeno chamado graça é capaz de mudar estações de inverno em cenários de descanso, de provocar reflexões em nível mais profundo do ser humano e de influenciar o aconselhamento com sabedoria. Ela nos ensina que uma jornada perfumada com perseverança traz incomparáveis picos de honra.

A graça altera nossa ótica, apontando sempre para a esperança, e perseverando, o cansaço se vai e nossas forças se renovam. Em um piscar de olhos, as estações mudam, os carrascos da alma perdem suas energias e o que antes era obstáculo agora se converte em trampolins. Nossa jornada, de uma hora para outra, se transforma em alpinismo, um cenário de escaladas, ganhando cada vez mais sentido e nos fazendo mais realizados com nossas conquistas, ainda que elas sejam pequenas. As nuvens que escondiam o Sol se intimidam, o frio que amedrontava o corpo perde influência e, naturalmente, a graça orquestra o maravilhoso encontro do Sol com a vida, ensinando aos sábios que a perseverança é a única estrada que a eternidade utiliza para devolver a honra. Mesmo quando o frio tenta intimidar a alma, a maravilhosa luz do Sol da Justiça aumenta nossa esperança com o poder da graça. Pois o Amor sempre será e continuará sendo mais forte do que a morte!

Agora, a graça ensandecida transcende a capacidade de compreensão humana. A palavra "ensandecida" significa "louca, incapaz de compreender". Do mesmo modo, o amor de Deus para com a humanidade não faz sentido ao ser observado através dessa ótica limitada. Na verdade, segundo às Sagradas Escrituras, a vida e o amor se confundem na nossa perspectiva, pois se a possibilidade de amar acabar a vida entrará em estações de caos. Infelizmente, essa realidade se materializa em casos de divórcios, traições das mais diversas, em filhos que não se sentem amados pelos pais. O comportamento de autodefesa se torna um reflexo nas relações humanas, gerando expressões de violência. A falta de amor produz vazios sem precedentes, "monstrificando" a existência e apodrecendo a saúde da alma.

O problema de subtrairmos o amor na existência humana é que transformamos o outro em nada, e o nada sabota o efeito do outro em nós, de modo que nos tornamos terroristas da gentileza, sequestradores da beleza e torturadores da esperança. A humanidade sem a influência da graça se torna insensivelmente desagradável, impaciente, e produz injustiça, enganando e sendo enganada. Porém, quando Deus restaura a alma, o novo nascimento acontece por meio do arrependimento, transformando desertos em jardins. Tendo em vista que o espetáculo da vida está em reconhecer que somos seres de modo reduzido, compostos por sentimentos vulneráveis, com características biológicas limitadas e constituídos por uma natureza corruptível. Ainda assim, compomos o cardápio da superinteligente obra do Criador, pois nos fez seu prato principal e não uma entrada ou sobremesa qualquer.

Independentemente de como estamos ou de quem somos, Deus assume assassinos e suicidas em potencial e os transforma em equilibrados e sensíveis poetas. Assim como Ele também abraça os mendigos e derrotados, devolvendo a dignidade humana, tornando-os em grandes maestros na arte de amar. O Pai se encarrega dos filhos do desespero, os frustrados da jornada e os faz serem cavalheiros e escritores de salmos. O Sol da Justiça tem todo o poder de reinar sobre a escuridão que intimida o universo dos mortais, fazendo que pecadores arrependidos continuem a ter acesso à Sala do Trono. Uma vez que Cristo não se relaciona com nossos pecados cometidos, mas sim com nosso arrependimento, mesmo um segundo após errarmos, se assim fizermos. Ele está de braços abertos, sempre nos esperando. Podemos errar, mas com a consciência de que santo não é aquele que tem uma vida puritana em nível moral, mas o que tem um coração arrependido mesmo logo após um ato de pecado: "Digo-vos que, assim, haverá maior alegria nos céus por um pecador que se arrepende do que por noventa e nove justos que não necessitam de arrependimento" (Lucas 15.7 – ARA).

Bem-aventurado é o homem que celebra a vida ao conquistar cavernas e dominar vales. Portanto, não devemos arquivar as vozes dos carrascos de nossas almas, mas mergulhar no fenômeno chamado graça. Pois há dores na vida que não valem a pena serem sentidas, assim como também há vozes que não merecem ser ouvidas e canções que não compensam ser dançadas. Com o tempo, percebi que, às vezes faz parte e é até mesmo "chique", fazer-se de surdo, que é nobre ser anestesiado contra as inevitáveis pancadas da vida e é intensamente incrível e perfeitamente belo confiar exclusivamente em Jesus. Caminhar com feridas nos pés só deixará nossa jornada ainda mais insuportável. Então, não façamos da nossa rota um percurso de dor; pelo contrário, precisamos aprender a descansar, a equilibrar os nervos e a nos desentulhar das tralhas do percurso. Não deem esperança aos covardes que mal sabem da própria vida e amam se fazer de juízes dos humanos de verdade.

De forma constrangedora, a matéria-prima da Nova Jerusalém, Jesus Cristo de Nazaré, é capaz de purificar a lama com Sua saliva e transformar em remédio para os olhos que passaram toda uma vida arquivando sofrimentos. A graça ensandecida transforma células mortas e tecidos apodrecidos pelas lepras do pecado em peles rejuvenescidas e mais belas que pétalas de rosas. Definitivamente, vemos essas reações nos Evangelhos e não consigo os ler – sobretudo o de Lucas – e encontrar um Deus punitivo, ofendido e castigador. Ao contrário, sou lapidado, reconstruído e constrangido pelos tesouros arquivados em seus relatos, sendo espiritualmente convencido de que o passado jamais terá autoridade diante do Homem que transformou um assustador objeto de tortura, como a cruz, em memorial de esperança e símbolo de redenção, expressando que finalmente existe salvação.

Segundo o Evangelho de Lucas, os locais onde Jesus se manifestava não tinham roupagens sacras, muito menos eram áreas memoráveis, mas sim ambientes reprováveis pelas cúpulas religiosas. De acordo com o texto sagrado, os únicos solos dignos de redenção eram os corações e as partes mais íntimas dos seres humanos. No capítulo 15 de Lucas existem versículos que expressam a arrogância religiosa de homens insuportáveis pelo sistema feudal e religioso da época, e, em paralelo, mostra os cenários em que a atmosfera redentora e personificada pela graça incompreensível na personalidade violentamente pacífica de Jesus se expressava:

> E aconteceu que todos os pecadores, como os coletores de impostos e pessoas de má fama estavam se reunindo para ouvir a Jesus. Entretanto, os fariseus e os mestres da Lei o censuravam murmurando: "Este saúda e se mistura a pessoas desqualificadas e ainda partilha do pão com elas". (Lucas 15.1-2)

A santidade exalada através do contato com Jesus dignificava pecadores, enobrecia excluídos e convidava à eloquente mesa da honra os mendigos da eternidade. O perdoador de pecados não tem nojo da humanidade. Pelo contrário: para Jesus, quanto mais sujo, mais amado e digno de misericórdia. Ele é um Deus perfeito, apaixonado por homens imperfeitos.

Sendo assim, podemos dizer que o Reino de Deus é formado pelo DNA de Cristo, não de seus seguidores. Os discípulos do Mestre foram homens ousados, dos quais o mundo não é e nunca será digno de receber. Porém, desde a Igreja primitiva à contemporaneidade, ninguém amou pecadores e os redimiu como só Jesus o fez e continuará fazendo. Desse modo, é necessário exercermos uma personalidade amavelmente messiânica, para amar homens imperfeitos e errantes como nós. Dado que Jesus colocou a sua glória em xeque, ao confiá-la a homens corruptíveis como eu, você e toda a humanidade. Ninguém escapa dessa, mesmo os que não O reconhecem como seu Senhor.

 A única mesa da história em que é possível reunir filhos de princesas e filhos de escravos é a que Jesus é Rei. Nesse banquete todos somos chamados de reis e sacerdotes. E por meio dessa graça, a restauração, a santificação e a salvação podem alcançar os seres humanos mais odiáveis da Terra. Uma vez que não nos submetemos ao jugo de sermos cobrados por uma obediência impecável, como também não se deve procurar lepras em membros sãos, ou sorrir de palhaços sem maquiagem e palcos. Somos ótimos em vislumbrar as aparências, mas péssimos em enxergar a realidade que nem sempre é aparente. Tal quanto o dono da arte não é o artista, é o criador, assim como o produtor da melodia não é o músico, mas o compositor. E muito menos o escritor do livro é a gráfica, senão o autor. Aquele que nos projetou nas tábuas da eternidade amou o mundo de tal maneira que ofertou o Único perfeito para restaurar todos os imperfeitos. Não podemos nos esquecer de que Deus não vê como o homem. Jamais será possível confundir servos com o Senhor, nem o primeiro como o maior de todos.

 Isso é a graça ensandecida. Partidos, militâncias e ideologias impotentes tentam rivalizar e dividir nossas mentes, mas quanto mais egocêntrico e soberbo for um homem, mais violenta será sua queda. Algo que aprendi no decorrer destes anos e que é bem simples, mas jamais podemos esquecer: só é possível levantar um homem prostrado ou caído se ele estiver despido de ego e completamente arrependido. Isso porque desde o dia em que a manjedoura se tornou o repouso da Majestade Santa, Jesus não expôs o luxo da realeza dos Céus como nossa mentalidade humana presume, mas demonstrou humildade. Ele não é um Deus que faz diplomacia com deuses de porcelanas. Em vez disso, ama se relacionar com homens, e, quanto mais impotentes e incompreensíveis, mais amados se tornam.

Restaurando histórias perdidas

Nosso Redentor abriu mão de si para alcançar os violados, ir ao encontro dos de sofrimento agudo, trazendo por intermédio da graça restauração e perspectiva de vida. Desse modo, temos alguns marcos na História, mostrando Sua misericórdia e bondade, mesmo com circunstâncias adversas, trazendo restauração em meio ao caos e à desesperança.

Fui capaz de constatar uma dessas passagens mais de perto quando, recentemente, tive a honra de compor uma comitiva de 30 líderes jovens brasileiros em uma viagem diplomática ministerial à nação de Israel. Entre os incríveis sítios arqueológicos e os fascinantes registros históricos, tivemos a oportunidade de visitar o Yad Vashem, o museu do holocausto na cidade de Jerusalém. Lá, tivemos acesso a diversos arquivos que denunciam o genocídio de aproximadamente seis milhões de judeus ao longo do governo ditatorial de Adolf Hitler, na Alemanha nazista, e que se estendia aos países vizinhos.

Para prestigiar os sobreviventes dessa terrível temporada histórica, a Organização das Nações Unidas (ONU) adotou por consenso na Assembleia Geral de 2005 o dia 27 de janeiro como o Dia Internacional em Memória das Vítimas do Holocausto[3]. Só em Auschwitz, por exemplo, aproximadamente 1,5 milhões de judeus foram executados ao longo de cinco anos. Mal podemos compreender quantas famílias, pessoas e memórias foram ali enterradas. Já os sobreviventes carregam consigo as marcas do passado e curiosas informações sobre o tema. Com cada vez mais tentativas de apresentar para a sociedade o que de fato aconteceu naquele tempo, foi que uma jornalista brasileira, chamada Gabriela Riuc, escreveu sobre *As 10 emocionantes histórias de sobreviventes de Auschwitz*, e em seus relatos temos a história restauradora de uma judia perdida:

> Entre os sobreviventes, está a judia Miriam Ziegler. Em 1940, ela fugiu da cidade de Radom, Polônia com sua família, que acabou separada por um tempo. Escondida

---

[3] ORGANIZAÇÃO DAS NAÇÕES UNIDAS (ONU). **Dia 27 de janeiro é o Dia Internacional em Memória das Vítimas do Holocausto**. Portal online, 2013. Disponível em *https://nacoesunidas. org/dia-27-de-janeiro-e-o-dia-internacional-em-memoria-das-vitimas-do-holocausto/*. Acesso em novembro de 2019.

na fazenda de um conhecido, assumiu o papel de sobrinha daquele homem, pois tinha medo que os oficiais alemães descobrissem a sua verdadeira identidade. Reencontrou a família logo depois e, aos 8 anos, foi enviada com eles para o campo de concentração de Auschwitz. A partir daquele momento, sua memória passou a falhar, ou talvez tenha ficado mais seletiva. Recorda-se de que foi levada para um local cheio de crianças, onde encontrou primos e fez amigos. Era nestas pessoas que os oficiais do complexo realizavam experimentos médicos. "Algumas voltavam, outras não", relatou ela. "Uma vez estive entre as escolhidas e lembro apenas de ter sido levada de volta ao dormitório com dores nas pernas e no quadril." Miriam foi uma das pessoas libertadas pelos soviéticos e viveu em orfanatos até ir para o Canadá, onde se estabeleceu. Reencontrou sua mãe anos depois e se casou com outro judeu que, como ela, viveu a dor do holocausto. Tendo o milagre em sobreviverem.[4]

---

[4] RIUC, G. **As 10 emocionantes histórias de sobreviventes de Auschwitz**. Disponível em *https://exame.abril.com.br/mundo/10-emocionantes-historias-dos-sobreviventes-de-auschwitz/*. Acesso em novembro de 2019.

Fonte: Getty Images | Miriam Ziegler aponta para si mesma 70 anos depois da foto tirada no dia em que os prisioneiros em Auschwitz foram libertados.

Reescrevendo narrativas de morte

A ensandecida graça não somente reedita biografias, mas também absorve sentenças de morte no apogeu dos abismos existenciais, devolvendo dignidade e honra. Ela é tão incompreensível para nós humanos que somente podemos contemplá-la no decorrer da História. Dessa forma, nitidamente a notamos nos relatos de um homem que passou trinta anos no corredor da morte, chamado Anthony Ray Hinton[5].

Na década de 1980, ele foi acusado por duplo assassinato no sul dos Estados Unidos, apesar de ser inocente. Impactado com a injusta acusação, perdeu

---

[5] HINTON, A. R. **O Sol ainda brilha**. São Paulo: Vestígio, 2019.

o chão e viu sua juventude ser colocada em jogo. Contudo, tinha uma acanhada esperança de que sua inocência seria provada. Porém, em uma nação que historicamente venceu intensos focos de segregação, a cultura de subjugar a comunidade negra, infelizmente, ainda imperava naqueles anos. Por ser negro, Hinton acabou condenado à cadeira elétrica. Conforme o tempo passava, obviamente as emoções se esmagavam diante da injustiça. Apesar disso, ele decidiu confiar na graça ensandecida, tornando-se uma carta de alforria para os sentenciados em cadeias, decidindo, mesmo sob circunstâncias de morte, sonhar na escuridão.

Em sua autobiografia, *O Sol ainda brilha*, a graça é evidenciada sobre o poder da esperança nos momentos mais sombrios de sua existência. O livro de Hinton narra seu sofrimento no corredor da morte, bem como mostra algemas, de três décadas de cárcere, que não amordaçaram seus sonhos, não empobreceram seu espírito, nem sequestraram seu humor ou apodreceram seu amor pela vida. Nessas páginas, ele traz relatos emocionantes:

> Havia morte e fantasmas por toda a parte. O corredor era assombrado pelos homens que haviam morrido na cadeira elétrica. Era assombrado pelos homens que haviam preferido se matar antes de serem mortos. Seus sangues fluíam pelas rachaduras do cimento como um rio lento, até secar e depois desgrudar sob o peso das criaturas que se arrastavam por cima dele à noite. As baratas tinham sangue nelas, e o

carregavam de uma cela a outra. Os ratos mordiscavam o sangue coagulado e o traziam de volta pelas paredes e fendas, onde suas partículas circulavam no ar como poeira escurecida e se assentavam sobre todos nós. Era difícil se enforcar no corredor da morte, mas era fácil bater a própria cabeça contra a parede de cimento, várias vezes, até arrebentá-la, respingar a cela de vermelho e fazer seus miolos preencherem as fendas e pequenos orifícios como massa corrida. [...] Meu único crime era ter nascido negro, ou ter nascido negro no Alabama. Para onde eu olhasse no tribunal, via rostos brancos, um mar de rostos brancos. Paredes brancas, mobília branca e rostos brancos. A justiça é uma coisa engraçada, e no Alabama a justiça não é cega. Ela sabe qual é a cor da sua pele, qual é o seu grau de instrução, e quanto dinheiro você tem no banco. Eu podia não ter dinheiro nenhum, mas tinha instrução suficiente para entender muito bem como a justiça estava operando naquele julgamento e qual seria exatamente seu desfecho. Era como se a pena de morte fosse uma doença contagiosa e todo mundo achasse que poderia pegá-la de mim. Eu estava ainda em choque, e podia sentir a raiva borbulhando sob a superfície. Eu era agora o pior dos piores. Um humano impróprio para vida. Um filho de Deus condenado a morte.

Em histórias como essa, o desafio se encontra em como fazer possível oxigenar a esperança, sendo sufocados pela opressão do medo, ou como manter a sanidade da alma em um cenário de terror. Ou, ainda, em descobrir como poder contemplar o belo, diante de carrascos emocionais tendo como hospedagem o leito de sua própria morte. A narrativa de luta, como a de Anthony Hinton, choca os deprimidos em cenários de liberdade. Em razão de a geração contemporânea ser analisada, sociologicamente, como a juventude mais bela entre as existentes, porém, a que possui a produção humana mais triste no território das emoções. De alguma forma, os filhos dos sofrimentos são mais resilientes que os nascidos em berços esplendidos. Raríssimos são os casos de condenados que conseguiram reverter suas sentenças, quanto mais quando se trata de pena de morte, como é o caso dos Estados Unidos. Já no Brasil, um país com uma justiça arbitrária, como o jornalista Rodrigo Casarin relata sobre o assunto[6]:

> [...] Cada vez mais gente vomita que "bandido bom é bandido morto" [...] (que na prática, já existe principalmente em nossas favelas e periferias), um título como "O Sol Ainda Brilha" se torna importante também para as discussões da nossa sociedade. "Analisando as supostas provas que levaram o homem a ser condenado, advogados notaram que aquilo que a justiça do Alabama considerava evidências sólidas ou provas irrefutáveis não se sustentavam de maneira alguma em certo momento, 31 razões foram listadas para que

---

[6] CASARIN, R. **Ele passou trinta anos no corredor da morte, mas conseguiu provar sua inocência.** Blog Página Cinco: UOL, 2019. Disponível em *https://paginacinco.blogosfera.uol.com.br/2019/05/03/ele-passou-30-anos-no-corredor-da-morte-mas-conseguiu-provar-sua-inocencia/*. Acesso em novembro de 2019.

tentasse um novo julgamento, elencando dezenas de falhas e questionamentos sobre todo o processo". [...] O caso só seria reaberto depois que o advogado Bryan Stevenson tomou para si a causa de Hinton. "Ele resistiu intensamente à ideia de que havia sido detido, acusado e condenado injustamente por causa de sua raça, mas acabou não tendo como aceitar outra explicação. Era um homem pobre num sistema de justiça criminal que trata você melhor se você é rico e culpado do que se for pobre e inocente", escreve Stevenson no prefácio da obra. (CASARIN, 2019)

Então, finalmente, no primeiro semestre de 2015, Anthony Hinton Ray foi absolvido. Porém, ao longo de mais de três décadas, ele sonhou na escuridão e teve apenas a graça para oxigenar a alma da opressão. Uma vez que assistir lentamente à cronologia do tempo consumir o vigor da juventude devido à leviana falha da justiça americana, é como fazer amizade com o medo para garimpar forças na desolação e, assim, emocionalmente lutar contra a morte. Em um cenário literal de condenação e morte, apenas a matéria-prima do Amor, Aquele que sussurrou poeticamente sobre um Reino de Redenção pode aquecer um coração com esperança. A graça ensandecida desestabiliza sentenças terminais e declama: "Onde está, ó Morte, a tua vitória?" (1 Coríntios 15.55).

Fonte: Equal Justice Initiative | Anthony Ray Hinton atualmente.

Com isso, Jesus não expressa o senso de justiça como lupa humana para sentenciar homens. Ele simplesmente ama as estrofes personalizadas em vidas, em linhas que decidiram fazer-se por conta própria. Ele não esquarteja essas poesias, mas reconstrói histórias. Assim, em lugares onde as maravilhas do Reino de Deus são expostas, marginais existenciais transformam-se em príncipes e assassinos guerrilheiros tornaram-se companheiros do Cordeiro na Cruz. Do mesmo modo que juristas e médicos reeditaram diagnósticos ao contemplarem o Juiz dos juízes e o Médico dos médicos. Como também podemos ver nas Escrituras, a caminho de Damasco, o terrorista que se tornou apóstolo, e, através dessa graça ensandecida, mulheres são restauradas, como a prostituta Raabe de Jericó, que pôde compor o código genético do Messias.

A graça de Deus é impactante e, geralmente, encontra os homens mais improváveis, os reprovados da sociedade, refinando suas histórias e transformando excluídos e sentenciados em escritores da eternidade. O Filho de Deus, em todo Seu esplendor, é Maestro em lapidar vidas, assustar sofrimentos e pincelar sorrisos. Jesus é o artesão das emoções, capaz de reconstruir ruínas e arquitetar palácios. Ele é um sensível e amoroso roteirista, qualificado na arte de transformar tragédias em histórias de amor. A graça não existe para calcular a culpa do passado, mas, principalmente, para apresentar um futuro de amor!

Por mais que o senso de condenação não aceite, Jesus não odiou pecadores, Ele os amou. Ainda que o juízo de moralidade questione o Salvador ao longo da História, foram infinitas as vezes em que Ele redimiu prostitutas, traficantes, assassinos e assaltantes. Embora contrariem as correntes filosóficas, teológicas ou ideológicas, o Filho de Deus não se submete ao estilo radical dos déspotas para sentenciar seres humanos. E mesmo que doutrinariamente O rejeitemos, Ele continuará nos amando, mas não concordando com as opções falhas que temos feito. Nossos erros e pecados não são provenientes de homens impuros, assim como a santidade não é propriedade da raça ariana, como os nazistas acreditavam. O caminho para santificação é o mesmo, independentemente de como estamos ou de quem somos.

> Entretanto, nesses últimos tempos, se manifestou uma justiça proveniente de Deus, independente da Lei, mas da qual testemunham a Lei e os Profetas; isto é, a justiça de Deus, **por intermédio da fé em Jesus Cristo para todas as pessoas que creem**. Porquanto não há distinção. **Porque todos pecaram e destituídos estão da glória de Deus**, sendo justificados gratuitamente por sua graça, mediante a redenção que há em Cristo Jesus. Deus o ofereceu como sacrifício para propiciação por meio da fé, pelo seu sangue, proclamando a evidência da sua justiça. Por sua misericórdia, havia deixado impunes os pecados anteriormente cometidos; mas, no presente, demonstrou a sua justiça, **a fim de ser justo e justificador daquele que deposita toda a sua fé em Jesus**. (Romanos 3.21-26 – grifos do autor)

O senso de condenação jamais nos levará à salvação, mas sim a um arrependimento genuíno. O Evangelho não é como a câmara de gás que assassinou pessoas selecionadas de acordo com suas características. É apenas mediante a fé em Cristo Jesus que encontramos a restauração de nossas histórias, encontrando abrigo e, novamente, fôlego de vida.

São nas estações mais frias e nos dias mais sombrios que a manifestação da graça ensandecida se encontra. Ser achado pela Majestade Santa é o maior ato de misericórdia e generosidade com que podemos ser presenteados. Isso, tendo em vista que Jesus nasceu em uma manjedoura, em um curral, ao lado de fezes bovinas, mas sempre exalou o mais nobre perfume da sensibilidade humana. Ele gerou um escandaloso encontro com a bondade, desarmando personalidades que se escondiam em suas fortalezas. Assim, fez que a solidariedade se traduzisse no sofisticado Amor, como o Elo da Perfeição. Não há *status*, influência e popularidade suficiente que nos farão ser vistos e reconhecidos pelos homens como realmente somos. Todavia, apenas Jesus pode devolver a pureza de uma criança, possibilitando sermos vistos como Homens que somos, e não como uma coisa quantificada. Aliás, ser encontrado e chamado de filho é incrível, pois a orfandade perde influência, essas armaduras são substituídas por solidários abraços, e o mistério que estava oculto é revelado: "Tu és o meu Filho amado; e em ti me agrado sobremaneira" (Lucas 3.22).

E, por fim, a graça pode ser traduzida como a fraternidade universal, uma família, tornando-se um escândalo cósmico do multiforme amor e sabedoria de Deus. Ela evidência o que há de mais belo, pois se torna uma comunidade em que não existe judeu nem grego, escravo ou livre, macho ou fêmea, homem ou mulher, todos são filhos com suas identidades bem forjadas. Ela se faz esplêndida, porque não existe distinção de raça, de língua, povo ou nação. Muito menos existe classicismo, nem diferença entre pobres e ricos. É sob essa mesma visão que conceitos como machismo, feminismo, homofobia, misoginia não persistem, pois não há a necessidade de cada um se levantar em sua própria defesa. Em Cristo, nos tornamos uma só família, Ele é nosso defensor. Somos um com o Filho da mesma forma que Ele é um com o Pai. Jesus é tudo em todos. E, por isso, a graça ensandecida é gloriosa, pois nos veste como a noiva do Leão, reinando como um Cordeiro. Como já dizia Martin Luther King: "Eu decidi ficar com o amor. O ódio é um fardo muito grande para se carregar"[7].

---

[7] Frase retirada do discurso "*I have a dream*", de Martin Luther King, proferido no Lincoln Memorial, em Washington DC (EUA), no dia 28 de agosto de 1963.

"Deus assume assassinos e suicidas em potenciais e os transforma em equilibrados e sensíveis poetas. Assim como também a graça enobrece os mendigos e derrotados, devolvendo a dignidade humana, tornando-os em grandes maestros na arte de amar."

capítulo 6
adoradores no território acadêmico

Para mim, as universidades não são cemitérios de cristãos, mas o maior campo missionário da contemporaneidade. Em todos estes anos, sendo voz do Reino de Deus em instituições acadêmicas, encontrei milhares de jovens que, infelizmente, acabaram vivendo o êxodo eclesiástico, ou seja, saíram da Igreja devido às filosofias ateístas humanistas. Entretanto, foi diante desses mesmos cenários que assisti à intercessão e ao poder de Deus trazendo reviravoltas inusitadas na vida desses mesmos acadêmicos que antes repudiavam a fé cristã.

Em minhas viagens pela América do Sul, palestrando e ministrando em mais de 500 instituições acadêmicas através dos Núcleos Fire Universitário, presenciei, sim, manifestações de ódio contra o cristianismo e os líderes religiosos. Contudo, pela graça de Deus, testemunhei, em proporções ainda maiores, universitários apaixonados por Jesus, fazendo de seus *campi* verdadeiros campos missionários. E é exatamente isso o que eu chamo de "graça ensandecida". Pois somente o puro contato com o Evangelho é capaz de alcançar e restaurar corações mutilados e feridos pelos carrascos religiosos. Apenas o fenômeno da graça possui poder para restaurar suicidas em potencial e derrotados emocionais através de fervorosas orações, da empatia, da compaixão e de um saudável ambiente familiar. Só a graça tem o poder de trazer de volta os filhos pródigos ao colo do Pai, gerando cura onde as mãos humanas não alcançam, intimidando o pesado jugo que o censo de moralidade falsa impõe.

Nesse momento, estamos vivendo um extraordinário avivamento nas universidades latinas. Milhares de estudantes têm se tornado profetas sem nomes e heróis sem medalhas, continuando a Grande Comissão com ousadia, inteligência, erudição, poder, sinais e maravilhas, fazendo dos territórios acadêmicos altares de adoração. E são esses homens e mulheres que têm se tornando a tradução da atmosfera da Sala do Trono a nós contemporâneos.

Por outro lado, muitos deles, assim como eu, não começaram tão bem assim. Minha jornada sociofamiliar, por exemplo, foi completamente improvável. Minha mãe, mendiga até seus 9 anos de idade, viveu abaixo da linha da miséria nas principais fases pedagógicas de sua formação. Já meu pai fazia parte de uma facção criminosa e foi assassinado aos 24 anos de idade, no meu aniversário de 3 anos. Viúva, órfã, com três filhos, sem mínimos recursos, leiga sobre os direitos fundamentais, impotente socialmente e sem expectativas de futuro, minha mãe começou a traficar drogas em uma frustrada tentativa de dignidade social. Por conta disso, em 1991, foi presa por tráfico de drogas e formação de quadrilha, e devido aos processos criminais transitados e julgados, cumpriu pena por mais de vinte anos, saindo definitivamente da cadeia apenas em 12 de dezembro de 2014.

Minha mãe teve um poderoso e real encontro com Jesus dentro do presídio feminino de Brasília, em 1992, quando ouviu sobre o perdão dos seus pecados a partir de um arrependimento genuíno em Cristo, através de uma senhora que fazia missões em presídios como o dela. Com uma história fascinante, essa missionária havia falecido em 1987 e ressuscitado no dia de seu velório. Sua autópsia, as cicatrizes e um real testemunho da graça de Deus, o qual impactou centenas de corações encarcerados, sobretudo o de minha mãe. Com isso, eu cresci ouvindo mais sobre Jesus no colo da minha mãe, dentro do presídio, do que ouvindo os maiores pregadores do Brasil. E de forma fenomenológica, essa mulher criou os três filhos, sendo dois acadêmicos e uma gentil profissional liberal.

Por causa dessa irrelevante realidade sociofamiliar, minha formação educacional foi extremamente precária no ensino fundamental e médio. Inclusive, como vemos na temática de Piaget[1], um dos teóricos da pedagogia moderna, a fase do desenvolvimento sensorial, motor e cognitivo de uma criança – do seu nascimento aos 7 anos de idade – é a mais importante, pois é ali em que ela começa a entender o que é certo e errado. A lógica começa a ser formulada e por isso, se uma situação inusitada for apresentada, as crianças não saberão ao certo o que podem ou não fazer. Isso, pensando nos que crescem com a presença dos pais, em escola e com estímulos adequados. Por outro lado, quando analisamos aqueles que crescem nas ruas, nessa fase de formação do senso de moralidade, esses acabam sofrendo um amadurecimento precoce, adquirindo a mentalidade de um adulto. O que não foi muito diferente no meu caso, pois, em meus 6 anos de idade, distante da minha mãe e vivendo uma nítida orfandade social, ingenuamente pensava que maconha era um perfume, pois todos os adultos que tinham contato comigo exalavam esse cheiro.

Um dia, após me arrumar para ir à pré-escola, encontrei um saquinho com maconha no chão do

---

[1] Jean Piaget foi um psicólogo considerado como um dos mais importantes pensadores da segunda metade do século XX quando se trata de origens da cognição humana, revolucionando o modo de encarar a educação de crianças. Ainda que não fosse pedagogo, mas com formação de biólogo, pôde dedicar sua vida à observação científica do aprendizado, seguindo uma linha da corrente construtivista. Sua principal contribuição é a teoria dos estágios de desenvolvimento, relatada em seus trabalhos de 1940 a 1945.

portão onde morava. Após cheirá-lo, imaginei: "achei o perfume". Fui à torneira, enchi as mãos com água e esfreguei a maconha, passando-a no pescoço, rosto e braços, pensando que assim estaria perfumado. Depois disso, fui para escola feliz da vida. Ao chegar onde estudava, a gentil senhora da portaria, que todos os dias me abraçava, obviamente, naquele dia, sentiu o cheiro, me empurrou e contou ao coordenador pedagógico, que então relatou à minha professora. Assim que me aproximei da sala de aula, ela já estava me esperando na porta e, ao me avistar, gritou: "Você está fumando maconha, Gilberto?". Ingenuamente, com um sorriso enorme, respondi: "Fumando não, professora, mas passei no pescoço". Eu me lembro que, naquele instante, ela se abaixou, olhou em meus olhos e perguntou: "Cadê a sua mãe?". "Está na cadeia, tia", respondi. Depois de me ouvir, ela me abraçou, emocionada, pegou em minha mão e me levou até a sala da coordenação pedagógica da escola.

Havia três professores no recinto, além de uma assistente social, um psicólogo e o diretor da escola. Eles me ensinaram tudo o que era possível a respeito de drogas e sexo. Naquele dia, descobri que eu havia sido abandonado e entendi, de fato, o que era o ambiente carcerário e o porquê as pessoas eram presas. Eu tinha apenas 6 anos de idade e foi a primeira vez na vida em que fui impactado com o sentimento de impotência. Ali, naquela sala, recebi um batismo de consciência e comecei a chorar compulsivamente. Minha professora, com um instinto de maternidade, gritou: "Pare de chorar, limpe as lágrimas e repita comigo: 'Eu vou ser um grande homem! Repita!'". Com a voz embargada, tentava dizer, mas não conseguia. Então, ela falou mais alto: "Repita: 'Eu vou ser um grande homem!'". Quando consegui dizer a frase, cai no chão aos prantos e ela me abraçou e, como uma mãe, pegou em meu rosto e profetizou: "Você vai crescer, Gilberto, irá estudar, e quando sua mãe sair da cadeia, você irá devolver a honra para ela!". É inevitável não me emocionar enquanto escrevo, neste momento, pois a educação foi sobremaneira como um messias social em minha vida.

Eu me converti aos 8 anos de idade, na Assembleia de Deus Missão Independente, uma igreja bairrista na periferia do Distrito Federal. Quatro senhoras de coques, mulheres de oração, analfabetas e semianalfabetas, cuidaram de mim como um legítimo filho na fé, me ensinando a orar, a jejuar e a zelar por uma vida fundamentada nas Sagradas Escrituras. Elas me instruíram a ler toda a Bíblia de joelhos, de dois em dois anos, o que é muito tempo para realizar sua leitura completa. Por meio de um discipulado na fé quase militar, a partir dessas senhoras, li a Palavra inteira dos 8 aos 10 anos, dos 10 ao 12, dos 12 aos 14, dos 14 aos 16, dos 16 aos 18, dos 18 aos 20 e com 21, eu a li três vezes e não parei mais. Lembro-me de que nas reuniões de oração e intercessão, elas sempre me pediam para ajoelhar, e, impondo as mãos sobre mim, oravam: "Deus, cuida da formação do Gilbertinho, leve-o para uma universidade, seja uma bússola sobre seu caminho". Sem sombra de dúvidas, hoje, sou o fruto das orações dessas senhoras que não sabiam ler, mas clamavam: "Leve o Gilbertinho para uma universidade".

Assim, minha adolescência foi a consequência de uma infância fervorosa na fé e minha fase adulta tem sido o resultado de uma adolescência em continuação à devoção que adquiri ao longo destes 24 anos de vida cristã. Após meu ensino médio, trabalhei dois anos e meio em um estacionamento de um *shopping*. Com uma jornada de trabalho de 12 horas por dia, ganhava um salário de R$ 250,00 por mês. Nessa época, meus dias eram assombrosamente solitários. Passava metade do meu dia vigiando carros, sozinho, sentado e reflexivo, o que me fez mergulhar na literatura, chegando a ler quatro livros por semana. No entanto, tenho muita convicção de que os berços da simplicidade compõem biografias de ouro. Eles fazem de homens improváveis excepcionais inspirações que intimidam as impossibilidades.

Com isso, exatamente nessa fase da minha vida, um querido amigo meu, chamado Bruno Carvalho, caminhava quase dez quilômetros para ir à faculdade, que, coincidentemente, era próximo ao estacionamento em que eu trabalhava. E todos os dias, uma ou duas horas antes de suas aulas, vinha conversar comigo.

Devaneávamos sobre a vida, o futuro, o sofrimento, as possibilidades, sobre dignidade e honra. Em uma de nossas conversas sobre os escritores que ganharam o prêmio Nobel de Literatura da América Latina, Bruno me fez uma intrigante pergunta: "Gil, por que você não faz faculdade?". Com um ensino médio tão irrelevante, eu nem compreendia de verdade o que significavam as palavras "universidade" ou "faculdade", pelo simples fato de nunca ter pensado a respeito. Então, ele continuou: "Gil, por que você não faz faculdade de História?". Naquele dia, aos 21 anos de idade, no solitário estacionamento de um *shopping*, meu amigo me apontou para meu destino acadêmico e ministerial. Dali em diante, minha vida mudaria completamente.

Chegando em casa, um outro amigo, chamado Luciano Júnior, me inscreveu no vestibular e, finalmente, iniciava a mais extraordinária jornada que mudaria o percurso da minha vida social e ministerial para sempre. Nesse meio tempo, fui demitido do trabalho e, no segundo semestre de 2008, iniciei minha faculdade de História. Quem diria que, após crescer em situação de vulnerabilidade social, com minha mãe presa, órfão de pai e com um subemprego, poderia adentrar a uma instituição acadêmica! Pela primeira vez, me senti igual aos demais jovens da minha idade. Já adulto, cursando o ensino superior, poderia expor meus pensamentos e questionar ideias. Depois de ter sido cuidado por senhoras de coques e nutrido pela extraordinária fé da minha mãe, através desse curso poderia fundamentar minha fé, em nível histórico, e devolver dignidade e honra às minhas meninas: minha mãe e minhas irmãs.

Portanto, diante da vulnerável realidade familiar em que vivia, com baixa autoestima e um intenso sentimento de inferioridade, eu finalmente consegui me tornar um universitário. Que orgulho! Para muitos, pode ser algo comum, mas, para mim, foi a primeira possibilidade de ir além da periferia que a vida tinha me apresentado. Pois, através da minha fé, lutava para não entrar na criminalidade, vendo os amigos que cresceram comigo em minha rua usando roupas da moda, aos 18 anos dirigindo bons carros e calçando tênis caros por conta do tráfico de drogas ou furto. Embora desejasse tudo o que eles usavam e possuíam, depositei minhas expectativas na perseverança. Sempre com um livro debaixo do braço, trabalhava vigiando carros em um estacionamento e, sem saber, estava plantando sementes nos jardins da esperança.

Definitivamente, a educação foi minha salvação, me proporcionando igualdade, ampliando minha visão sobre o futuro e me tornando um formador de opinião. Nessa época, como acadêmico, pensava: "Se eu consegui dizer 'não' à criminalidade na minha infância e adolescência, diante da miséria em que vivia, manter minha fé na universidade será fácil". Isso tudo em razão de ter me tornado o fruto das orações daquelas senhoras que não sabiam ler, mas que oravam:

"Que Gilbertinho seja uma benção em sua geração, dotado de conhecimentos e temente a Deus". Minha mãe e as senhoras do coque, em suas limitações sociais, mas prósperas na alma, deixaram a mim três heranças incorruptíveis: a seriedade com relação a assuntos eternos, a manutenção da fé através da consagração e uma inabalável convicção sobre o poder das Sagradas Escrituras. A faculdade de História foi responsável pela continuação e pelo aprimoramento dos fundamentos que aprendi na Bíblia, os quais, na realidade, foram o solo da formação da minha identidade cristã, me ensinando o que de fato era importante e insubstituível no desenvolvimento da minha formação humana.

Em outubro de 2010, meu ministério com universitários se iniciou em uma sala de oração com um amigo chamado Felipe Miranda, como mencionei anteriormente. Nós inauguramos um movimento de oração universitária, intitulado "Fire Universitário", e durante as quatro primeiras semanas éramos apenas nós dois. Da quinta semana em diante, os Céus nos visitaram com um avivamento que permanece aceso até os dias de hoje. Nós nos tornamos uma geração de estudantes universitários que ora por restauração, salvação, cura interior e mover de Deus dentro das instituições acadêmicas por todo o Brasil. Da sala de oração, os estudantes foram ativados a ser uma voz do Reino de Deus em seus *campi*, e, assim, nasceram os Núcleos Fire Universitário, pequenos grupos dentro das instituições acadêmicas.

Tudo foi tão intenso que eu preguei em todas as instituições acadêmicas da cidade, subia nas mesas das praças de alimentação das faculdades em Brasília e, ao fim, chamava a atenção dos estudantes, gritando um discurso que dezenas e centenas deles aplaudiam, choravam, gritavam e, depois, entregavam suas vidas a Jesus. Nestes últimos dez anos, minhas maiores experiências com Deus foram vividas dentro da Universidade de Brasília (UnB), em sua maioria, com filhos de pastores que lideravam os movimentos ateístas humanistas, como marcha da maconha, vertentes feministas e as LGBT. Eles eram jovens intensamente feridos com a Igreja, como instituição, mas abertos para conversar sobre Jesus Cristo.

Uma experiência maravilhosa que tive foi com um estudante da UnB. Estilo *skatista*, com os cabelos cheios de *dreads* abaixo da cintura, ele era um erudito, militante da marcha da maconha. Após semanas conversando sobre eternidade dentro do ambiente acadêmico, seu coração foi oxigenado pela graça ensandecida, rendendo-se a Cristo. A partir dali, iniciei uma imersão de discipulado semanal apresentando-lhe a pessoa de Jesus e o relacionamento com Deus através do Espírito Santo. Durante 12 meses, ele mergulhou na fé, a ponto de seus olhos brilharem ao ouvir sobre a Palavra. Quando teve a convicção de um real arrependimento pela salvação em Cristo, o batizei nas águas. Semestres se passaram, mas apesar de tudo o que ele já havia experimentado em Jesus, as inclinações sempre o faziam balançar.

    Um dia, antes de iniciarmos o Núcleo Fire, notei que ele estava agitado e com os olhos avermelhados; certamente tinha usado drogas. Eu o abracei, e, imediatamente, ele disse: "Gil, necessito sair do Fire, estou deixando o relacionamento com Jesus. Tentei, mas não consegui, e devido aos conflitos sem solução da minha casa, fiquei angustiado e usei drogas. Só vim me despedir e te agradecer, porque necessito usar maconha hoje e usarei". Depois de ouvi-lo, eu perdi o chão. Não pelo fato de tentar controlar suas tensões por meio de substâncias alucinógenas, pois eu sabia que tinha passado toda uma vida anestesiando as emoções quando os conflitos reais afrontavam sua felicidade, mas por afirmar estar abandonando o contato com Jesus porque havia pecado. Atônito, fiquei pensando sobre o quanto nosso senso de moralidade, muitas vezes, exclui quem está desesperado por redenção. Além disso, o Inimigo de nossas almas possui uma característica que não podemos ignorar: a paciência. Ele sabe esperar, e através da vulnerabilidade humana nos cega quase que completamente, gerando o sentimento de exclusão por não nos sentirmos perfeitos como geralmente demonstramos que somos.

    Inevitavelmente, após essa reflexão, fiquei visivelmente impactado. Eu senti empatia por ele e pude olhá-lo com as lentes da graça. Chamei o Matheus Andrade, líder em nosso núcleo, e pedi para que ele liderasse a reunião. Então, olhando para o rapaz, respondi: "Se você não pode estar conosco porque deseja fumar maconha, eu também não posso estar aqui, porque também tenho desejos que nunca declarei publicamente. A diferença é que tento dominá-los através do relacionamento com o Espírito Santo. Porém, me sinto como você, indigno de andar com Jesus. Por isso, sugiro irmos para outra ala da universidade, porque, hoje, farei o Núcleo Fire com você fumando maconha". Surpreendido, ele me respondeu: "Mas a galera sabe que você é cristão, Gil". Foi quando repliquei: "Não me importo com isso! Jesus estragou os meus planos, e se voluntariamente decidi viver por Ele, não me importo em ser medido por causa d'Ele". Sendo assim, fomos até o local e ao chegarmos, eu disse: "Fique à vontade para acender 'seu baseado'". Sem pensar duas vezes ou ligar para protocolos, ele acendeu um gigantesco cigarro de maconha. No mesmo instante, sem entender a razão, comecei a chorar compulsivamente e, guiado pelo Espírito Santo, cantei "Quero que valorize o que você tem"[2]. Agora, imagine um cara com cabelos cheios de *dreads*, fumando maconha, com um cara grandão ao lado, chorando e cantando copiosamente. Pois bem, essa era a cena.

Impressionado com o Espírito Santo, ele também começou a chorar, e, misturando maconha com

---

[2] FILHO, A. **Quero que valorize/Mover do Espírito**. São Paulo: Bompastor, 1990. Disponível em *https://www.youtube.com/watch?v=xTqWVR2XAhA*. Acesso em outubro de 2019.

lágrimas, nos abraçamos e começamos a orar. Deitamos no chão da universidade e eu comecei a falar em línguas espirituais. Naquele dia, recebemos um intenso encontro com Jesus. Chorávamos, louvávamos ao Senhor e gritávamos por arrependimento, misericórdia e redenção. Logo em seguida, continuamos nossa jornada, e, talvez por constrangimento, esse jovem nunca mais apareceu em nossas reuniões, deixou de frequentar as aulas, não atendia o celular e nem respondia aos *e-mails* ou às mensagens. Um ano se passou e não tínhamos notícias dele.

Um dia, ao entrar no Mezanino Norte, uma ala da UnB, o avistei de longe, completamente diferente, tanto no semblante quanto na aparência, já que seus cabelos estavam curtos e ele usava uma roupa social. Pensei que poderia ter passado em um concurso público. Na mesma hora, corri ao seu encontro, e, quando me avistou, emocionado, me abraçou e disse com a voz branda algo como:

Gil, quanto tempo!? Aquela experiência com Deus mudou o percurso da minha vida. Você não sabe, mas meu pai espancava a minha mãe desde a minha infância. E há uma semana daquele dia, eu estava brigando com meu pai aos socos e pancadas, estava usando craque e naquele momento, em que fui me despedir de vocês, eu estava no meu limite emocional. Queria me destruir, mas sempre me lembrava de Jesus e do que aprendi indo ao Fire. Naquele dia, você me surpreendeu. Tentei me despedir com o álibi que queria usar maconha, mas você me constrangeu, não me julgou e fez um culto comigo, mesmo me vendo usando maconha. Nunca fui tão amado desejando ser odiado. No dia seguinte àquela experiência com Deus na universidade, eu procurei uma comunidade terapêutica de recuperação para me tratar. Fiquei internado por oito meses e, na clínica, decidi escrever um livro sobre minhas experiências fisiológicas durante meu tratamento e apenas agora, após dois semestres, retorno definitivamente para minha jornada acadêmica. (Relatos de memória do autor)

Tudo aquilo era impressionante demais e eu me emocionava ao ouvi-lo falar. Foi por causa desse episódio que compreendi a força do amor de Cristo através do fenômeno chamado graça. Não só isso, mas, por meio dessa história, percebi o poder que existe em um adorador no território acadêmico.

Assim que o rapaz terminou de me contar, ele tirou um livro da mochila e disse: "Esse é meu livro. O último capítulo se chama 'Chapação na UnB', e nele eu relato sobre a única 'chapação' que não acabou comigo, mas me devolveu a vida, através de um 'negão' cantando sobre o amor de Deus e que, ao mesmo tempo, chorava por me ver sendo destruído". Fiquei em choque ouvindo aquelas palavras e imaginando o nível de sofrimento emocional que ele deveria ter enfrentando. Por outro lado, eu me sentia extremamente honrado por ter tido o privilégio de viver uma fase tão importante da jornada desse universitário. E esse é apenas um dos muitos testemunhos que temos colecionado ao longo da nossa jornada.

Nesse processo, uma outra história que sempre me marcou muito foi uma que aconteceu em minha casa. Há 17 anos faço uma reunião domiciliar, toda segunda--feira das 22:30 às 02:00 da manhã, chamada "Edificação mútua". Nesses encontros, acadêmicos de História, Filosofia, Antropologia, Sociologia, Psicologia e Direito enchem meu lar, lotando o sofá, a copa, o corredor e, literalmente, todo o chão da minha casa. Geralmente, lemos um livro todo da Bíblia, como se fosse um versículo. É incrível! Isso porque, assim como acredito que não seja possível curar um câncer utilizando apenas anestésicos, não aconselho ler um versículo isolado. Meu conselho é sempre ler todo o texto, o que vem antes e depois. Procure conhecer detalhes sobre o autor de cada livro, para quem ele escreveu, como era a sociedade da época e o período histórico. Então, após uma pincelada em Hermenêutica, peço aos que discordarem de tal exposição ficarem à vontade para questionar – amo ouvir as inteligentes dúvidas dos acadêmicos e jovens adultos sobre as Escrituras –, e aos que desejarem expor suas falhas humanas ou desabafos, que se sintam no ambiente adequado para tal. Com isso, a Edificação mútua se tornou uma comunidade terapêutica, em que muitas curas existenciais e emocionais ocorrem ao longo desses anos, nos reunindo.

Certa vez, uma acadêmica de Antropologia foi convidada a participar das reuniões. Ela havia acabado de fazer pós-graduação na Europa, investigando de forma empírica a situação de vulnerabilidade da prostituição como profissão em Lisboa e Madri. Após viver experiências cristocêntricas em nossos encontros, na quarta vez em que participou da reunião, ela ficou meia hora trancada em meu banheiro. Depois desse tempo, ela abriu a porta chorando intensamente e, interrompendo minha ministração, confessou publicamente que acabara de se masturbar. De maneira inexplicável, uma atmosfera de quebrantamento envolveu minha sala e literalmente todos os jovens presentes choraram. Com a voz embargada, a jovem, que reconheceu o erro e se arrependeu, pediu para ofertar ao Senhor o que ela afirmou ser seu maior objeto de prazer: um vibrador. Eu, quebrantado e choroso, deixei-a à vontade para fazê-lo. Nunca em 23 anos de vida cristã havia presenciado um ato tão escandalosamente humano de arrependimento como aquele.

E foram essas e tantas outras histórias que me fizeram compreender que ser um adorador no território acadêmico exige extrema coragem e ousadia. Por meio da fé, em lugares que valorizam a filosofia ateísta humanista, representar Jesus é como reformar uma nação, modelando culturas e traduzindo a atmosfera da Sala do Trono em ambientes céticos. Assim, revelando que a restauração que há no poderoso sangue do

Cordeiro santifica os lugares mais escuros da Terra, fazendo de usuários de drogas, escritores de livros, escravas de ideologias feministas verdadeiramente livres e de órfãos improváveis adoradores nesses lugares. Diante disso, é nítido como as universidades não são cemitérios de cristãos, mas o maior campo missionário da contemporaneidade.

Por outro lado, é bem verdade que nos últimos cem anos muitos métodos vieram à tona, dando habilidades para impactar as emoções. Isso faz que muitos, sem conhecer de fato, defendam que o cristianismo não passa de algo que mexe com as emoções de alguém. Porém, ao que tenho experimentado dia após dia, é impossível receitas emocionais terem a capacidade de mudar a mentalidade de uma pessoa. Pois apenas um fascinante encontro com a felicidade ou um extraordinário impacto com a decepção são capazes de mudar definitivamente a mentalidade humana. Portanto, eu acredito que apenas um íntimo, sólido e real encontro com Cristo Jesus abala o universo humano, colocando em xeque crenças, ideias e valores, transformando corações petrificados pela dor nos mais belos jardins regados pelos Céus e apreciados pela Majestade Santa.

"A santidade exalada através do contato com Jesus dignificava pecadores, enobrecia excluídos e convidava à eloquente mesa da honra os mendigos da eternidade."

capítulo 7
modeladores culturais

Ser um adorador no território acadêmico, como vimos, nos exigirá coragem e ousadia para traduzir a atmosfera da Sala do Trono de forma palpável e nítida aos que estão à nossa volta. Sendo assim, através da fé e da graça que nos alcançou, podemos representar Jesus por onde formos e, assim como Ele, nos tornar Seus modeladores culturais, aqueles que manifestam a gentileza dos Céus, a ousadia dos mártires, tornando-se a luz do mundo por onde estiverem, para, assim, intimidar as trevas.

Dessa forma, se faz necessário entendermos o que esse conceito representa em sua totalidade. Começando pela palavra "cultura", que tem diversos significados, podendo carregar um sentido mais subjetivo, tanto em relação à nossa compreensão, quanto na prática, expressando nuances do comportamento humano. Por exemplo, quando dizemos "a cultura de arroz", "cultura de soja", entre tantas outras, no âmbito da agricultura, essa palavra ganha um sentido na atividade de cultivar os alimentos. Em nível sociológico, por exemplo, dizemos que "cultura" engloba o conjunto dos hábitos e dos costumes sociais, como leis jurídicas, morais e as artes. Já para a filosofia, estaria representada pela elevação do conhecimento adquirido e, consecutivamente, mudando o comportamento humano por sua instrução. Na antropologia, outra área que abrange essa palavra, "cultura" é o próprio estudo do coletivo humano, suas pluralidades comportamentais, suas múltiplas e diferenciadas comunidades relacionais e seus diferentes ideais estéticos.

Tendo esses significados em mente, observamos que, no decorrer do tempo, nas diversas civilizações por que passaram, a palavra cultura tomou proporções populares ao senso comum, sendo caracterizada como um conjunto de manifestações comportamentais sociais, através das atividades artísticas, linguísticas, das leis jurídicas e morais, dos hábitos, das religiões, das literaturas e dos costumes de um povo. Assim, expressando continuidade hereditária e hierárquica à geração, dos seus traços mais expressivos e únicos. Ainda que no decorrer do percurso histórico algumas alterações e adaptações sejam feitas por aqueles que decidem tomar para si o desenrolar das grandes questões da humanidade. As grandes mudanças, como a abolição da escravidão, a segregação racial, o reconhecimento das mulheres e tantos outros direitos que foram conquistados como marcos em nossa história, só ocorreram porque alguns estavam dispostos a pagar o preço, independentemente de qual fosse ele. Essas pessoas tinham a convicção de que modificar uma cultura era o mesmo que ter a habilidade sobrenatural de mudar mentalidades e reorganizar sistemas, porém, isso levava tempo.

Contudo, ainda que pareça algo sobre-humano, há dois mil anos vivemos a maior revolução que a história já narrou, com a vinda do Filho de Deus em corpo de homem. E assim, Ele se tornou o maior modelador de cultura que já viveu na Terra. Um jovem nascido em uma singela comunidade, em condições humildes, sai de uma região sem importância e revoluciona os três poderes de seu tempo: os reis, os imperadores e os chefes dos sacerdotes por onde passou; as leis, tanto as do império romano quanto as dos fariseus; e os que julgavam o povo, como os mestres da lei, em âmbito religioso; e os governadores das províncias que sentenciavam em suas respectivas jurisprudências. Ele não precisou pegar em armas ou se vestir com armaduras, torturar ou perder sua doçura. Sem criar guetos e muito menos desonrar pessoas, não abandonou seu legado. Nunca perdeu a poesia, a sensibilidade, a capacidade de acreditar no ser humano e de enxergar seu lado bom, sobretudo em focos de tensão.

Contudo, ninguém nunca foi grandiosamente revolucionário em tão pouco tempo de vida quanto Jesus. Aos 33 anos, foi injustamente morto em uma cruz, sem ter cometido qualquer erro. Seu nome se tornou tema central das mais belas canções, cerne das poesias e estrofes dos poetas, além de o encontrarmos nos devaneios dos escritores e acadêmicos mais renomados do mundo. Através do amor, impactou as duas culturas mais eruditas entre as civilizações clássicas: a grega e a romana. Essa revolução resistiu à temporada dos mártires, compôs a Renascença, avivou a Igreja nas regiões mais desumanas da História, sobreviveu à sanguinária ditadura de Adolf Hitler, como os regimes de Mussolini, Mao Tsé-Tung e Josef Stalin. Não se intimidou com a filosofia ateísta humanista de Immanuel Kant, o ateísmo religioso de Karl Marx, Herbet Marcuse ou Antonio Gramsci. Podem até não gostar d'Ele, ou ignorar Sua historicidade. Ainda assim, não podemos negar o fato de Ele possuir uma evidente singularidade. Essa revolução do amor ultrapassou milênios, fazendo de Jesus o maior modelador de cultura da história. E com Sua essência e legado, podemos continuar reprogramando sistemas e modelando culturas.

No entanto, não somos perfeitos. Decepções, frustrações e perdas continuarão acontecendo, mas sabemos que Deus é o artesão do espírito e da alma humanos. Não precisamos ter medo de tentar, e se fracassarmos, nos empenharemos outra vez. Ainda que uma longa noite se apresente no firmamento, temos a certeza n'Ele, de que o mais belo amanhecer surgirá. Jesus continua e continuará transformando o árido solo do nosso coração em jardins de sonhos. Imperadores, cientistas, empresários e políticos que dedicaram suas vidas apenas a um projeto temporal, ao morrerem, alojaram suas esperanças no espaço escuro e pequeno de um túmulo. Porém, os discípulos do inesquecível Cristo entregaram suas vidas a um sonho que transcende o mundo natural em que vivemos. Eles tiveram muitos problemas de caráter, com reações e temperamentos contrários ao *design* original em que o Criador os fez. Eram homens frágeis que erravam muito, porque, assim como nós, também estavam no processo de santificação diária. Contudo, o sonho do Artesão da vida não era selecionar homens perfeitos – até porque só existiu um, Seu Filho –, mas, sim, os improváveis, os imperfeitos e os esquecidos, os quais, através do Seu cuidado, aprenderiam a amar a vida e cada ser humano. Os discípulos viram algo n'Ele que transcendia a cortina do tempo e decidiram fazer parte disso. Dessa forma, todas as vezes em que fecho os meus olhos consigo ver que eles tinham razão. Isso porque morrer em Cristo pode nos reservar mais surpresas do que a própria vida.

Jesus sabia, e sempre soube muito bem, como éramos e estávamos desde o princípio. Ele tinha consciência de que a humanidade não era um projeto falido. Apesar dos seus males, como guerras, estupros, pedofilia, traições, vaidades, ambições, assassinatos, violência e as incontáveis loucuras sociais que marcaram negativamente a humanidade, o Filho de Deus decidiu investir toda Sua vida por esse projeto chamado ser humano. Seu amor atingiu um estágio em que os tranquilizantes e antidepressivos mais modernos jamais conseguiriam atuar. Visto que não veio reformar o ser humano, dar um manual de conduta ou produzir uma paz temporária, mas, sim, reativar a conexão do Homem com Deus, trazendo acesso ao propósito original de cada indivíduo. Ninguém nunca apostou tanto em nós, nem teve um ideal de amor tão inspirador.

Somente Jesus tem todo o poder para aniquilar qualquer violência ou algemas que podem nos aprisionar em um cativeiro. Portanto, não desista, continue acreditando e confiando n'Ele, pois Ele é e sempre será extraordinário em redirecionar rotas e apontar destinos. Exatamente por isso que, ao longo da História, tivemos incontáveis biografias de homens improváveis, fracassados em suas jornadas, escravos de seus passados e derrotados por suas escolhas, mas que, ao serem alcançados pela consciência da redenção, se tornaram inspiradores, pioneiros e desbravadores da esperança, os tais modeladores de culturas, homens dignos de serem lembrados com honra.

E por mais que possa se pensar que pessoas como essas estão muito distantes de nós, foi no decorrer desta última década, viajando pelo país ao ministrar sobre mudança de mentalidade e ativando uma geração de estudantes universitários a serem vozes do Reino de Deus em seus *campi*, que tive a oportunidade de conhecer incríveis biografias, verdadeiras personalidades, gente como eu e você. Visitei inúmeros centros históricos e sítios arqueológicos que narravam a força de homens e mulheres que modelaram a cultura de suas cidades, deixando um legado de fé, hombridade e perseverança para as futuras gerações, proporcionando sensibilidade, ternura e assustando a orfandade.

MARCIA CONDE CASSIMIRO
Uma mãe valente

E para comprovar o fato de que essas pessoas realmente existem, que são histórias que podem estar ao nosso lado, quero lhe contar sobre uma mulher incrível: minha pastora Marcia Conde Cassimiro. Ela é uma dessas pessoas que tem a habilidade nata de convocar o Sol para a alma de todos os que vivem na escuridão. Com um sorriso que literalmente expulsa demônios, ela é uma modeladora de cultura no que tange à força da maternidade, na jornada dos órfãos da existência. Isso se deu principalmente em 2010, quando em uma cidade chamada Luziânia, em Goiás, sete adolescentes desapareceram misteriosamente. Assim que virou notícia nacional, essa informação chegou à Marcia, que, enchendo seu coração de profundo amor por esses jovens, intensificou seu clamor em intercessão para que o Senhor os devolvesse vivos às suas mães.

Em uma madrugada de oração, o Espírito Santo a visitou e, tão claro como a luz do dia, falou ao seu coração que parasse de orar por esses jovens, pois todos já estavam mortos. Subitamente, em uma visão, o Senhor lhe mostrou um ritual satânico que envolvia esses adolescentes desaparecidos. Na visão, eles eram utilizados como sacrifício humano, consagrando a cidade de Luziânia ao Inferno, com o propósito de exportar os maiores traficantes da nação a partir dessa cidade nos próximos vinte anos. Assim, Marcia compreendeu que tinha recebido uma missão dos Céus para evangelizar os que se tornariam os maiores traficantes antes de serem ativados no mundo do crime. Dessa forma, ministraria sobre amor, paternidade, educação e honra nas escolas de Luziânia, assumindo uma geração de órfãos e filhos do tráfico.

Um ano depois, ela e seu esposo abraçaram aquela cidade como seu campo missionário, vendendo seus bens e abrindo mão de sua estabilidade na cidade de Anápolis, também em Goiás. Eles viajaram 158 quilômetros para uma região culturalmente desconhecida. Mas, com o coração cheio de amor, ela começou a pastorear a Igreja Rocha Viva, juntamente com seu esposo, Paulo Sergio Cassimiro. Através de um trabalho pedagógico terapêutico, Marcia conquistou a atenção de uma geração de crianças em situação de risco, que eram abusadas sexualmente pelos seus pais, tios ou avós, usuárias de drogas e sem possibilidade de um futuro digno. Durante dois meses, indo em cada colégio da cidade, apresentando-se com um cartão de visita, se colocou à disposição como "amiga da escola". Porém, não recebeu nenhuma ligação dos centros de ensino da cidade. E como seu coração queimava por aquelas crianças, foi impulsionada por uma unção de ousadia e não aguardou receber um "sim" da Secretaria de Educação do município para agir. Então, guiada pela graça de Deus, ousadamente decidiu bater em cada "boca de fumo" da periferia na cidade e, pessoalmente, convidar as crianças dos pontos de tráfico para um culto *kids*.

Era glorioso o impacto de amor na alma de cada criança que conhecia o sorriso de Marcia. Certa ocasião, uma mãe foi até sua casa e perguntou: "Você é a pastora Marcia?". Sem entender, respondeu: "Sim, sou eu". Então a mãe continuou algo como: "A senhora tem apascentado meu filho, e ele acabou de ser expulso da escola por agredir uma criança, levando-o a ter um traumatismo craniano. Eu o conheço e realmente não é um menino fácil. Mas depois do contato contigo, ele melhorou bastante. A senhora tem que ir à escola comigo, tentar convencer a diretora a repensar a expulsão de meu filho. Pois não temos outra escola para matriculá-lo, além de comprometer a vida escolar dos meus demais filhos".

Impactada com o nível de seriedade e delicadeza da situação, Marcia disse sim àquela mãe, mesmo sabendo que apenas uma intervenção dos Céus poderia reverter esse quadro. No trajeto, a caminho da escola, passou por momentos angustiantes, pois sabia que era um dos principais colégios que procurava para ser "amiga da escola", mesmo sendo ignorada várias vezes. Então, chegando no local, foram até a diretoria. Diante da responsável pelo colégio, o Espírito Santo conduziu a conversa, e, ousadamente, Marcia sugeriu ter duas horas por semana no prazo de um mês na sala de aula do garoto, e caso ele não mudasse de comportamento poderiam expulsá-lo e nunca mais ela insistiria para ser "amiga da escola". Extremamente incrédula, a diretora aceitou. Então, através do amor, não somente o menino estava mudando, mas toda sua sala de aula, e já na segunda semana o impacto foi tão significativo que a diretora convocou Marcia para uma conversa e afirmou com ar desafiador: "Você não pode mais estar naquela sala, a não ser que também faça o mesmo em todas as salas da escola nos dois turnos, matutino e vespertino". Extremamente feliz e surpresa, pois seu propósito nessa cidade era exatamente ministrar para uma geração de crianças, filhas do tráfico, entrou nesse projeto de cabeça.

Após um ano de intenso envolvimento, os alunos mudaram de comportamento significativamente. O mais poderoso é que esse colégio estava no primeiro lugar do *ranking* entre as piores escolas da cidade. Porém, através de um envolvimento "pedagógico terapêutico", feito com muito amor, a escola foi melhorando, os alunos alcançando boas notas e até o ambiente físico tornou-se mais bonito. Com isso, as demais escolas da cidade a procuraram para desenvolver o mesmo projeto, a ponto de ser até convidada pela Secretaria de Educação, sendo reconhecida como uma importante parceira pedagógica ao ensino da cidade. E com apenas um violão, poemas, músicas, palestras e uma intensa atmosfera de amor, expressando o papel de mãe que muitos nunca tiveram a real oportunidade de desfrutar, seu sorriso pôde abrir novos horizontes na imaginação de uma geração de órfãos, ensinando-os a valorizar a educação como messias social, o que, naturalmente, gerou uma cultura de leitura, amor e esperança.

Apresentando um mundo de novas possibilidades a uma geração de órfãos, Marcia Cassimiro assumia cada criança que cativava e pessoalmente levava-as para a Igreja. A partir desse trabalho de redenção pedagógica, muitos crimes foram evitados, denunciados e solucionados. Entre incontáveis histórias de devolução de honra, uma que se destaca pelo fenômeno sobrenatural é sobre o resgate de um sequestro, em que uma criança estava desaparecida havia um ano e meio. E em um de seus convites para palestrar em uma escola, com 346 estudantes de um município vizinho, ela foi conduzida pelo Espírito Santo a escolher um grupo específico de crianças para tirar uma foto. Após postar em suas redes socias, um pai reconheceu entre as crianças da foto o filho que estava desaparecido e, finalmente, o reencontrou após tanto tempo longe de seus familiares.

Uma outra história extremamente marcante que Marcia viveu foi a graça de ter fundado uma biblioteca na maior "boca de fumo" e ponto de tráfico da cidade. Nesse lugar, moravam quatro crianças que estavam apaixonadas por Jesus depois de conhecerem a pastora Marcia. O homem da casa era um traficante, e, uma das crianças, com menos de 10 anos, já fazia todos os trabalhos domésticos, além de ajudar na criação das crianças mais novas. Muitas foram as vezes em que Marcia falou sobre Jesus para o rapaz e para os usuários de drogas, adquirindo total respeito na comunidade, exercendo maternidade e gerando quebrantamento sobre uma região tão influenciada pela violência. Além disso, semanalmente realizava um pequeno ajuntamento chamado "Grupo Para Salvação" (GPS), no qual muitas crianças aprendiam sobre Jesus e mudavam suas perspectivas sobre o futuro.

No entanto, devido aos constantes confrontos entre rivais, o traficante foi assassinado próximo à sua residência. No instante em que seu corpo chegou para ser velado em sua casa, onde todos estavam de luto e as crianças em estado de choque por sepultarem o homem da casa, o provedor da família, como se não bastasse, os mesmos assassinos invadiram o local e atiraram na cabeça de seu cunhado, na frente de todas as crianças. A carnificina foi tão desumana que a massa encefálica da vítima ficou exposta sobre o chão. Inevitavelmente, curiosos invadiram o lote para ver, agora, dois cadáveres, e uma aglomeração de pessoas agitava o ambiente, sem ao menos pensar no nível de dor dos familiares.

Em desespero, naquele cenário de luto, as crianças começaram a expulsar as pessoas e, com seus pezinhos, jogavam terra nos miolos expostos sobre o chão. Logo em seguida, o Instituto Médico Legal (IML) chegou ao local levando o novo cadáver, enquanto o outro corpo estava sendo velado. Agora com dois cadáveres para sepultarem, todas as crianças estavam apavoradas naquele ambiente de terror. Coincidentemente, nesse mesmo dia, eu estava ministrando em nossa igreja na cidade de Luziânia. Após o culto fomos jantar, e, sensivelmente, a pastora Marcia compartilhou comigo toda essa terrível história, afirmando que seu coração estava em prantos. Seu desejo era abraçar aquelas crianças e chorar com toda a família, dado que ficariam durante toda a madrugada velando os corpos. Porém, como era um bairro bastante perigoso, não poderia ir sozinha. Foi então que, sentindo sua dor, me propus a fazer companhia.

Assim, às duas horas da madrugada chegamos à "boca de fumo" e ainda era possível ver o sangue sobre o chão e os miolos espalhados no quintal de um barraco bem simples. Marcia, de imediato, começou a chorar e a abraçar os familiares. Todas as crianças a abraçaram como se tivessem finalmente encontrado esperança. Foi impressionante como, mesmo em um ambiente de terror e luto, a atmosfera de amor que exalava de Marcia envolvia os corações. Cantamos duas canções e oramos. Naqueles instantes, eu fui fortemente impactado pela cultura de amor, sensibilidade e generosidade que exalavam dela. Uma mulher tão incrível que o mundo não é digno de recebê-la. Sem sombra de dúvidas, Marcia é uma daquelas pessoas que intimidam o sofrimento, reeditam mentalidades, curam a dor com simples sorrisos e assustam a atmosfera do luto com o amor!

MARECHAL RONDON
O desbravador das terras tropicais

Uma outra personalidade cuja ilustre história[1], digna de ser lembrada com honra, deveria estar mais presente em nosso cotidiano, sobretudo de nós, brasileiros, é a do Marechal Cândido Rondon. Nascido em Mato Grosso, em 1865, foi um homem conhecido por percorrer mais de 77 mil quilômetros – totalizando quase duas voltas em torno da Terra –, sendo que parte desse trajeto foi feito a pé, no lombo de um burro ou em canoas indígenas. Durante quarenta anos ele mapeou a

---

[1] ROHTER, L. **Rondon, uma biografia.** Rio de Janeiro: Objetiva, 2019.

região amazônica e o sertão brasileiro. Esse intrigante militar, quando ingressou a Comissão Construtora de Linhas Telegráficas, pôde implantar o telégrafo, nosso primeiro sistema de telecomunicações. Esticando mais de 5.500 quilômetros de cabos telegráficos no até então inexplorado Pantanal e na Floresta Amazônica, conseguindo, assim, a definitiva integração das regiões Norte e Centro-Oeste ao restante do país. Logo em seguida, fez-se possível a comunicação entre "dois Brasis" que não se comunicavam: o interior e o litoral. O trabalho desse homem representa nada menos que o primeiro passo da implantação do sistema brasileiro de comunicações, e como consequência desses feitos, o Exército o aclamou Patrono das Comunicações, em 1963. O estado da região Norte do Brasil, Rondônia, honrosamente foi batizado com o sobrenome de seu maior desbravador: Marechal Rondon.

Ele ainda percorreu o país de Norte a Sul, demarcando nossas fronteiras e se tornando um profundo conhecedor das tribos indígenas. Inclusive, foi ele o idealizador do Parque Nacional do Xingu e também Diretor do Serviço de Proteção ao Índio no governo de Nilo Peçanha, em 1910. Ganhou notoriedade não apenas na nação brasileira, mas principalmente nos Estados Unidos, quando o então ex-presidente norte-americano, Theodore Roosevelt, veio até a terra tupiniquim empreendendo uma expedição em conjunto ao exército brasileiro, com o objetivo de mapear alguns rios da Amazônia. E, ao longo de mais de 20 expedições pelo Norte do país, ele redesenhou o mapa da Amazônia[2]. Tamanha fora sua relevância que, entre os seis maiores desbravadores da humanidade, um deles é o brasileiro Marechal Rondon. Imortalizados pela sociedade de Nova York, eles fundiram seus nomes em placas de ouro. Nessa lista temos o norueguês Roald Amundsen, descobridor do Polo Sul; o americano Robert Peary, descobridor do Polo Norte; o maior explorador das regiões Árticas, Charcot; Byrd, o maior explorador das regiões Antártidas; Neil Armstrong, o primeiro homem a pisar na Lua; e o brasileiro Marechal Rondon, considerado o maior explorador das regiões tropicais.

Nessa verdadeira epopeia que foi sua vida, enfrentou todos os tipos de adversidades: fome, sede, frio, tempestades tropicais, calor escaldante, doenças, animais selvagens, mosquitos, uma porção de naufrágios, emboscadas, motins e incontáveis tentativas de assassinato. Mas nada abatia sua determinação. Pois, além de bem decidido, Rondon possuía uma coragem admirável. Sempre se posicionando em favor da defesa do ecossistema do Norte do Brasil e dos nossos indígenas. Ao contrário do que os desbravadores norte-

---

[2] Matéria realizada por Naief Haddad, publicada no portal Folha de S.Paulo em 2 de maio de 2019. **Jornalista quase expulso do Brasil lança biografia do marechal Rondon.** Disponível em *https://www1.folha.uol.com.br/ilustrada/2019/05/jornalista-quase-expulso-do-brasil-lanca-biografia-do-marechal-rondon.shtml*. Acesso em novembro de 2019.

-americanos do século XIX enalteciam, "índio bom é índio morto", Rondon deixou sua marca registrada como herança: "Morrer se preciso for, matar nunca". Ao desbravar o Nordeste, sua ordem sempre era "só pela paz e jamais pela guerra devemos penetrar pelos sertões". E mesmo diante das situações mais adversas, quando atacado por indígenas hostis, ordenava que seus homens sempre atirassem para o alto, ao em vez de atacá-los.

Rondon distribuindo presentes para os indígenas Paresi.
Foto: Luiz Thomaz Reis / Acervo Museu do Índio.

Marechal Rondon foi engenheiro militar, professor de Matemática, Ciências Físicas e Naturais, abriu estradas, descobriu jazidas, rios e montanhas, completou e retificou mapas, construiu postos telegráficos, verdadeiros polos de desenvolvimento em plena selva, gerando grandes cidades. Seguramente ele é um dos nossos mais importantes indigenistas, cartógrafos, botânicos, etnólogos, antropólogos e ecologistas. Em reconhecimento ao seu trabalho, foi indicado por três vezes ao Prêmio Nobel da Paz, sendo uma delas pelo iminente físico Albert Einstein. Também é o único homem a ter seu nome em um meridiano, os círculos imaginários que envolvem o globo terrestre, cruzando-se nos polos. Pelo observatório de Greenwich, na Inglaterra, onde passa o meridiano zero é que se estabelecem os fusos horários. O meridiano que atravessa o Centro-Oeste brasileiro é o de número 52, ao qual o Congresso Internacional de História das Ciências, no ano de 1938, em Lisboa, deu o nome de "Meridiano Rodon".

Geralmente, desbravadores não se intimidam diante de iminentes fracassos; pelo contrário, são homens que ousaram perseverar em seus sonhos e projetos e, com isso, tornaram-se modeladores de cultura. Eles são seres inspiradores, capazes de mudar rotas, reeditar dramas, solucionar conflitos e brilhar na escuridão, assim como a pastora Marcia, que marcou aquelas crianças e continua sendo relevante por onde passa. Assim como aqueles que abriram o caminho de pioneirismo por selarem uma geração, que se doam sem avaliar as consequências. Pela causa, questionam a derrota e motivam os impotentes a ultrapassar barreiras com força bruta, como em muitas ocasiões a História nos mostra nos relatos do Marechal Rondon.

Um modelador de cultura não precisa de alegações para agir e desbravar seu espaço na sociedade. Como dizia Rookmaaker em suas últimas produções: "A arte não precisa de justificativa"³.

> O resultado é que, apesar de muitas pessoas terem se tornado cristãs, o mundo se tornou totalmente secularizado – um lugar onde **a influência cristã é praticamente nula**. (p. 24 – grifo do autor)

Tendo em vista o isolamento do cristianismo no mundo, nossa tarefa como modeladores culturais é fazer parte desse movimento chamado "reforma". O pensamento crítico e o desenvolvimento da formação de uma cultura não necessitam ser justificados, demonstrando uma sequência de explicações com mais do mesmo. O próprio agir já revela seus motivos e suas intenções, e, assim, com o tempo, uma nova cultura é formada. Simplesmente pela mudança de mentalidaruande e perspectiva provocada pelos artistas centrais, aqueles que são aceleradores de processos. "O cristianismo verdadeiro [...] Só alcança seu significado a partir do seu relacionamento com Deus", afirma Rookmaaker. Dessa forma, o Criador do universo nos desenhou para sermos direcionados pela luz que intimida as trevas. Portanto, assumir Cristo Jesus em lugares escuros, sejam eles quais forem, significa modelar a mentalidade desse presente tempo,

---

³ ROOKMAAKER, H. R. **A arte não precisa de justificativa**. Viçosa: Ultimato, 2010.

pincelando a sociedade contemporânea com a cultura eterna dos Céus.

"A Majestade Santa, assume os filhos do desespero, os frustrados da jornada e os faz serem cavalheiros e escritores de salmos."

capítulo 8

transformando lágrimas em salmos

Eu oro porque não posso ajudar a mim mesmo. Eu oro porque sou indefeso. Eu oro porque a necessidade flui de mim o tempo todo, andando e dormindo. Isso não muda Deus, muda a mim. (C. S. Lewis)

Em todos estes anos, presenciei o Criador transformar muitas lágrimas em salmos, lapidando incontáveis biografias falidas, assim, trazendo vitórias sobre as derrotas. Isso porque o especialista em reescrever roteiros e reformular nosso interior é Jesus. Porém, quando vivemos estações de cavernas e vales, a vida se torna sem cores e sabores, a contemplação do belo parece não mais fazer sentido. E então, ela se torna preta e branca. Sem sonhos e possibilidades de renovação, a criança arquivada na alma se intimida, e o "vinde a mim", de Mateus 11, se torna folclórico, antipático e chato. Afinal, ninguém aprecia um ser humano reflexivo o tempo todo, que voluntariamente se isola por não se sentir à vontade nos lugares onde antes fora celebrado.

E é sabendo de situações como essas que se torna extremamente necessário sermos empáticos e sensíveis para que então possamos dar assistência, atenção e amor às pessoas que nos cercam e que, por algum motivo, se isolam repentinamente. Já que o inimigo da alma é um ilusionista e sempre tentará levantar falsos muros, isolando pessoas, através de demasiados acúmulos de autodefesas que acabam por denunciar baixa autoestima, depressão e sentimentos de exclusão. Assim, faz que fiquem vulneráveis à escuridão, como algemas que aprisionam a mente, e o constante sentimento de solidão gera um desejo de buscar atalhos para cessar a dor. E nesse momento, o famoso "prato de lentilha" lhes é apresentado, sabotando a única e bela rota que gera a verdadeira felicidade e vida eterna (Gênesis 26).

Dentro desta temática, em 2016 apascentei uma estudante de Humanas na Universidade de Brasília (UnB), que perdeu seu chão ao descobrir que havia engravidado, fruto de um inconsequente relacionamento. Desesperada, ela escondeu a gravidez calada. Porém, após um Núcleo do Fire, tivemos a oportunidade de conversar em particular e, finalmente, ela desabafou, afirmando estar decidida a abortar.

Então, com um sorriso provocando leveza na atmosfera de pânico e gerando um ambiente de redenção, apresentei-lhe a graça de Deus e afirmei que aquela criança seria uma benção e lhe traria muitas alegrias. Contudo, era necessário assumir a responsabilidade materna independentemente do quanto isso mudaria sua rotina, assim como era certo que um sólido e constante relacionamento com Jesus mudaria o cenário de medo e a apresentaria ousadia, força e amor para perseverar. Assim, a convidei para entrarmos em uma temporada de jejum e oração por sua vida emocional, sobre como as soluções de conflitos deveriam ser tomadas, do mesmo modo que clamaríamos por direcionamentos do Espírito Santo.

Alguns meses após aquela conversa, ela e seu namorado decidiram se casar, assumindo a responsabilidade da gestação e da formação de uma família. Fizemos um lindo chá de fraldas na universidade, abençoamos a gravidez, celebramos o matrimônio através de uma intensa atmosfera de amor e esperança. Três anos se passaram, a família continua vivendo dias felizes, e agora com dois bebês. Com a história dessa jovem, e a forma como ela decidiu se posicionar mediante as circunstâncias que precisaria enfrentar, podemos notar que alguns dos vales que enfrentamos são decorrentes da consequência de uma decisão equivocada ou, como no caso dela, de um ilícito desejo que tivemos e consumamos. Mas também existem vales que são estações de provações, nos quais o arrependimento é o primeiro passo para a redenção, a fidelidade o segundo e, para alcançar a solução, a perseverança será a única jornada que a eternidade utiliza para devolver a honra.

Através da minha caminhada ministerial no meio acadêmico, pude conhecer outros jovens com embates reais que precisavam de soluções, e isso dependeria totalmente da forma como lidariam com as questões e como responderiam com responsabilidade ao processo da fase em que estavam vivendo.

Uma incrível história, digna de biografia e roteiro de cinema que pude conhecer pessoalmente, foi a de uma ex-lésbica chamada Tamires, e um ex-gay chamado Ricardo. Os dois tiveram um extraordinário encontro com Jesus, se conheceram, apaixonaram-se e se casaram em novembro de 2019. Como fiquei bem próximo do casal, eles me relataram com detalhes suas trajetórias até o altar.

Aos 14 anos de idade, Tamires teve seus primeiros contatos com a homossexualidade. Ela afirma não ter percebido nenhum traço comportamental em sua infância e ter, inclusive, se apaixonado por um rapaz. Segundo Tamires, sua experiência homossexual tinha relação com a falta de paternidade, uma vez que o conflituoso relacionamento de seus pais e a frágil atmosfera do lar ativaram nela uma forte resistência ao sexo masculino, e, por esse motivo, ela não conseguiu confiar emocionalmente em nenhum homem por um bom tempo.

No Natal de 2002, com um cenário completamente constrangedor, em que seus pais brigaram durante toda a madrugada diante do bairro e, por conta da violência doméstica cometida, eles acabaram optando pela separação. Nessa noite, ao tentar defender a mãe diante das agressões físicas, ela foi atingida no olho por um soco do próprio pai. E, em uma tentativa frustrada de tornar-se escudo para mãe, a agressão gerou traumas emocionais irremediáveis. Após a separação de seus pais, Tamires sentiu-se rejeitada, acreditando não ser amada como filha. Ficou, também, insegura em suas relações sociais, porém, em meio a isso, intensificou a amizade com uma garota muito gentil que já conhecia havia alguns anos. Essa menina era homossexual e até se vestia de forma masculinizada. As duas sentiam-se muito sozinhas, e como dizem que "dor conecta dor", ambas ficaram muito ligadas emocionalmente.

Até que, em novembro de 2004, essa amiga pediu-lhe um beijo, o que inicialmente gerou repulsa. No entanto, questionando sobre os impeditivos, já que estavam tão próximas, Tamires respondeu que não gostava dela neste aspecto. Segundo seus relatos, esse momento girou uma chave em sua mente, fazendo a tentativa de aproximação da amiga fazer total sentido. Tendo em vista que já andavam muito juntas, agarradas, acariciavam-se e nunca haveria rejeição, ela começou a acreditar que tudo isso era comum em uma amizade entre mulheres. Após rejeitar o beijo, a amiga saiu chorando, completamente nervosa. Então, Tamires pensou: "Já não tenho o amor dos meus pais, sou completamente sozinha, não posso perder a única pessoa que eu tenho. Ela se importa comigo, me sinto amada, só preciso retribuir esse sentimento". Então, foi atrás da amiga, entrou em sua casa e a beijou. Tamires diz não ter gostado, mas depois de sete ou oito beijos, o sentimento de pertencimento começou a fazer mais sentido, e, por consequência, um relacionamento abusivo se iniciava, em que o medo da perda se intensificava.

Tamires relata que controlava a vida da garota, e sentia-se bem com essa realidade, pois o nível inconsequente de entrega era tão intenso que ambas se sentiam acorrentadas uma na outra:

> Lembro que ela fumava cigarro, eu a fiz parar de fumar e a coloquei de castigo em casa sem poder sair para lugar nenhum. Só para que eu tivesse certeza de que não a perderia para nenhuma outra coisa ou pessoa. Que triste lembrar desse sentimento agora. (Relatos da jovem ao autor)

Contudo, nada era exposto. Nessa época, Tamires tinha 14 anos e sua amiga, 17. Os familiares e amigos não sabiam dessa relação, mas sempre as questionavam pela proximidade excessiva, as inevitáveis suspeitas foram negadas por elas, porém, constantemente eram pegas se beijando:

Antes de completar 15 anos de idade, meu pai me convidou para conversar e perguntou se eu era "sapatão". E eu, como a boa mentirosa que aprendi ser, neguei em todas as perguntas. Até que ele me disse: "Se você é, me fala, eu não posso te ajudar, mas conheço pessoas que podem". Deixe-me abrir um parêntese aqui, antes de dizer a minha resposta. Nessa época, eu já não queria mais viver o que estava vivendo, além de lidar com o preconceito dos amigos e familiares, tinha o meu próprio. Fui criada dentro do catolicismo, e a avó dessa minha namorada me levava à igreja todo domingo. Eu sabia que estava fazendo algo errado, segundo as crenças que eu tinha, e não aguentava mais ter que lidar com isso. Não podia largá-la porque não queria que ela sofresse, muito menos poderia continuar porque estava infeliz com tudo aquilo. Já que o maior preconceito que sofria era o meu próprio, por viver algo que eu condenava. Quando meu pai me fez aquela pergunta, eu esqueci por um minuto que não deveria confiar em ninguém, mas vi ali uma oportunidade de sair de toda aquela angústia em que me encontrava. Em resposta àquela pergunta perfumada de paternidade, eu disse: "SIM". E nesse momento algo que eu não esperava aconteceu. Eu tinha me esquecido que colocara minha confiança em alguém que não sabia lidar com suas emoções. De imediato, meu pai me deu um tapa na cara no meio da rua. A agressão foi tão forte que, além de cortar a minha boca, meu corpo foi de encontro ao chão. Minha mãe entrou na frente e não o deixou continuar a agressão. Logo depois disso, meu pai foi embora e eu passei um dos piores dias da minha vida, porque passar vergonha era a pior coisa que poderia me acontecer.

A partir daquele dia, passei a gritar para mim mesma: "Eu sou sapatão mesmo". Contudo, no dia seguinte conversamos novamente, e eu afirmei que só havia falado porque ele tinha insistido muito, mas que eu não era sapatão.

Por causa desse acontecimento, Tamires não falou com o pai durante um ano. Mas, quando tentou suicídio pela terceira vez, sua mãe pediu para que ele ficasse no hospital com a filha, já que não estaria disposta. Tamires já estava emocionalmente abalada, e essas atitudes só reforçavam o sentimento de solidão e rejeição. Após sair do hospital, era constantemente ofendida, sendo chamada de "a vergonha da família", o que potencializava sua tristeza. A garota com quem se relacionava também vivia abismos emocionais. Ambas estavam presas em uma teia complexa demais para conseguirem se ajudar, por mais que se importassem uma com a outra.

Anos se passaram até que seu insensível e agressor pai se converteu. Porém, ela continuava tentando suicídio, tomando remédios, se automutilando, sem chegar ao êxito de sua própria morte. No fundo, Tamires sabia que, em verdade, queria ferir os sentimentos dos seus pais e chamar a atenção por conta da dor que sentia. Além disso, os múltiplos vazios dentro de seu interior só aumentavam o nível do abismo que sentia. Um dia, após a namorada não atender às suas ordens e ir ao *shopping* com a própria mãe, Tamires comprou um veneno de rato e tomou, fazendo uma mistura com refrigerante, pensando que assim aumentaria o efeito substancial. Porém, arrependida, tomou um copo de leite, acreditando que isso amenizaria o efeito. Em seguida, ligou para uma amiga e novamente foi para o hospital com ela e sua mãe. Com os batimentos cardíacos baixos e sendo medicada, quando a enfermeira colocou o tubo via nasal, inevitavelmente um incômodo foi gerado em Tamires, que, ao reclamar, ouviu como resposta: "Mas você não queria morrer? Só acabou dando trabalho para gente". Tamires se calou e chorou por dor e raiva, sentindo-se covarde e impotente ao mesmo tempo:

> Ano passado, meu pai me contou que isso tudo aconteceu um dia antes do Dia dos Pais, e que ele passou as primeiras horas dessa data comemorativa comigo naquele estado, e com o Diabo dizendo para ele que eu iria morrer, mas eu não me recordo dessa cena.

Depois do ocorrido, ela nunca mais atentou contra a própria vida. Logo depois, assumiu publicamente sua relação homossexual, também estava completamente presa no submundo do sexo, da pornografia, da masturbação, do álcool e das drogas. Porém, nunca traiu sua relação, embora essa atitude fosse comum no meio em que ela vivia. Após completar 18 anos de idade, começou a frequentar boates, e ao embriagar-se, brigava compulsivamente com a namorada. Aquela união, além de obsessiva, passou a ter várias cenas de agressões, porém, o namoro permaneceu.

    Com o passar do tempo, Tamires saiu de casa e se mudou para uma república, vivendo uma relação estável com sua companheira. Naquele local, viveu o que jamais imaginou. Presenciou incontáveis cenas de violência, passou várias noites de bebedeiras e, pela primeira vez, chegou a passar fome. Com o decorrer do tempo, aquela amiga que a levou ao hospital em sua última tentativa de suicídio, engravidou de seu quinto filho e, devido às delicadas situações sociais em que se encontrava, permitiu que Tamires criasse a criança:

> Ela tinha 3 meses quando veio para mim e eu mudei completamente por ela. Voltei para a escola, conclui o ensino médio, saí da república, aluguei uma casa e já não gastava todo meu dinheiro com bebidas alcoólicas. Pois agora tinha fraldas, roupas e leite para comprar. Estava vivendo o que eu sempre desejei. Por conta da criança, minha família passou a me aceitar novamente e o convívio ficou mais próximo. Entrei na faculdade porque queria ser alguém melhor para ela. Isso porque eu não queria que ela tivesse uma vida como a que eu costumava ver lá na comunidade. Pela primeira vez, eu não sentia que apenas existia, mas que realmente começava a viver. Ela trouxe vida para todos os meus sonhos. Finalmente eu tinha uma família.

    Agora com um bebê para criar, o instinto de maternidade surgiu de forma gloriosa. Quando sentiu a necessidade de frequentar uma comunidade de fé, começou a participar da igreja da avó de sua companheira e assistir a alguns cultos na igreja de seu pai. Embora vivesse de forma que não se orgulhava, estava disposta a ensinar os valores cristãos para sua filha adotiva. Contudo, afirma que continuava bastante infeliz, porque a criança se desenvolveria testemunhando algo de que Tamires não se orgulhava.

> As muitas agressões físicas e verbais ainda continuavam frequentes em meu relacionamento. Infelizmente, já cheguei ao ponto de enfiar uma faca em minha companheira e de cortar o rosto dela com caco de vidro. Sempre que estávamos bêbadas as agressões se tornavam habituais. Com isso, eu não aguentaria ver a minha filha passar pelos mesmos atos de violência que me fizeram a pessoa na qual havia me tornado. Porém, também não tinha coragem de devolvê-la aos pais biológicos, para não sofrer de males ainda piores.

Diante de todas as lágrimas que assolavam sua alma, Tamires decidiu levar sua família para a igreja todos os domingos. Ainda que continuasse a embriagar-se, mesmo nesse estado, insistia em estar na igreja. Até que um dia seu pai a repreendeu por viver dessa forma. Com isso, ficou um ano sem frequentar os cultos e começou a isolar-se em nível social. Os anos se passaram, ela conseguiu comprar seu imóvel, mas infelizmente havia se envolvido com drogas, o que, somado ao vício alcoólico, a levou a viver momentos de sofrimento inenarráveis. Ela se envolveu com agiotas, chegando ao ponto de ser ameaçada de morte. Então, no fundo do poço, decidiu pedir ajuda ao pai. Contudo, a única forma de ajudá-la era se ela aceitasse ir para um retiro da Igreja Apostólica Shekinah, onde dois pais na fé, a pastora Lia Reis e o pastor Brasil, exerciam paternidade de forma tão amorosa, intensa e poderosa que intimidavam os medos que assombravam a alma de qualquer pessoa que passasse pela liderança deles. E, por estar desesperada e sem opção, Tamires aceitou a proposta de seu pai. No caminho para o retiro, dentro do ônibus, ela foi conversando com Deus em pensamento:

> Se Você realmente estiver em algum lugar me ouvindo, já deve saber tudo o que eu estou pensando, e quando voltar daqui eu vou tentar me matar novamente, e dessa vez já sei como fazer e como conseguir. Então, se o Senhor tem mesmo um plano em minha vida como todos dizem, essa é a Sua chance.

E dessa forma, ousadamente desafiou a Deus. No segundo dia de imersão no retiro, fazendo respeitáveis votos de silêncio como expressão de reverência ao propósito do ambiente e autorreflexão, observou as pessoas serem tocadas, mas ainda não conseguia se entregar àquele mover. Porém, em seu íntimo e de forma racional, aceitou a ajuda do Senhor, pois ansiava por uma urgente mudança de vida. E sem verbalizar, decidiu entregar-se a Jesus apenas em pensamento.

    Após o retiro, quando chegou em casa, os dez anos de relacionamento estável na homossexualidade foram seriamente abalados por sua mudança de hábito. Sem muito o que fazer, Tamires entregou-se à oração, à leitura bíblica e ao discipulado. Estava realmente tendo uma significativa mudança de vida. E, após sua íntima decisão de conversão, sua companheira continuou morando em sua casa durante os próximos sete meses. O tempo foi passando, e através do cuidado da amável pastora Lia Reis, Tamires compreendeu que poderia superar os problemas através da oração. Porém, os conflitos relacionais continuavam em pequenas escalas, mas, quando sua companheira a amaldiçoava, ela a abençoava. Conforme o tempo passava, naturalmente sua mentalidade foi gradativamente transformada. Até que se deu conta de que havia perdido toda sua juventude aos inconsequentes prazeres, se jogando em drogas, álcool, brigas e a um relacionamento do qual não se orgulhava e, além disso, no qual ainda se sentia presa.

    Com isso, decidiu intensificar seu relacionamento com Jesus, oficializando seu compromisso com Ele publicamente na igreja local e se afastando, definitivamente, do relacionamento homossexual. O que, de primeira, gerou inevitáveis sofrimentos e vazios em seu coração, mas, agora, havia o Espírito Santo, como o doce consolador; uma família na fé, através da Igreja Apostólica Shekinah; e um responsável, extraordinário e amoroso cuidado materno da pastora Lia. Decisivamente, a partir daquele momento, fez de sua vida uma missão, se colocando disponível como um instrumento de Deus para cuidar e ser exemplo de superação e de vida para outras mulheres, sobretudo as que teriam vivido histórias semelhantes à sua. Não demorou muito para que já estivesse se envolvendo na rede de jovens da igreja local, sendo extremamente intensa durante dois anos. Foi nesse ínterim que se aproximou de Ricardo, o líder de jovens, e, assim, tornaram-se melhores amigos.

Darei uma pausa sobre a incrível história da Tamires e nos debruçaremos na extraordinária jornada do Ricardo para, então, concluirmos esse enredo fenomenal.

Filho único de um tradicional casal do interior de Minas Gerais, Ricardo dificilmente viu seu pai expressando carinho e sensibilidade com sua mãe, embora tenha vivido em uma casa com estabilidade familiar. Sua infância foi marcada pela proteção excessiva de sua mãe. Desenvolveu-se socialmente sob as companhias das meninas da família, sobretudo suas primas e dificilmente brincava com garotos. Aos 5 anos de idade, ele já se sentia diferente das demais crianças nas primeiras fases pedagógicas. No pré-primário, por exemplo, já era "zoado" na escola, devido aos excessivos comportamentos femininos:

Um dos episódios mais fortes da minha vida foi em uma noite de Natal, quando eu tinha 10 anos de idade. Meu tio me chamou para ir em sua casa para pegar refrigerantes, pois estávamos reunidos na residência de uma das minhas tias que morava no interior de Minas Gerais, na cidade de Cataguases. Ali, ele começou a me aliciar. Não é fácil falar sobre essas coisas em detalhes. Mas me recordo exatamente da cena e da sensação. E ele me falava: "Eu sei do que gosta e você terá de fazer isso, se não vou contar para sua mãe". Com isso, ele me pressionou e eu acabei cedendo. No primeiro dia eu fiquei muito apavorado, embora não tivesse ocorrido um ato sexual em si. Logo depois de uma semana, estive outra vez em sua casa e, embriagado, já que era alcoólatra, ele novamente me aliciou. Dessa vez, consumou o ato. Isso desencadeou um cenário de dias, semanas, meses e anos de abuso. Então, aos 14 anos de idade eu já me drogava e, de certa forma, já tinha relacionamentos sexuais com uma pessoa da minha família. Era uma realidade muito forte. Então, foi assim que comecei uma jornada na homossexualidade, pensando que havia nascido naquilo. Eu buscava nas outras pessoas o que eu realmente não tinha como figura de masculinidade em minha casa. Hoje eu entendo isso. Eu me lembro de que eu não aceitava a identidade masculina, era estranho, me achava diferente. Mas após um processo de "drogadição"[1] muito

---

[1] Termo utilizado para definir todo vício bioquímico de um ser humano em relação a qualquer tipo de droga. Além disso, a palavra abrange referências às causas do vício e aos fatores envolvidos no processo, como inclusão ou exclusão da sociedade, situação econômica, política, genética, entre outras. Definição disponível em *https://www.infoescola. com/saude/drogadicao/*. Acesso em outubro de 2019.

> intenso, eu comecei a me identificar mais intensamente na homossexualidade e estive mergulhado nesse mundo. Minha vida sempre foi marcada por abusos. Eu era criança, e me lembro que o dono de um bar sempre me chamava. Até que um dia ele pediu para fazer massagem, mas nessa época eu já sabia o que ele queria. E mesmo assim, eu continuei. Já estava dentro de um processo de hábito, de ritual. Não me lembro se era desejo, mas me recordo que era prazeroso, e, infelizmente, de certa forma aquilo me completava. (Relatos de memórias do autor)

Quando completou 18 anos de idade, Ricardo se entregou inconsequentemente para a homossexualidade e as muitas relações de intimidade se tornaram extremamente comuns. No decorrer do tempo, seu pai se converteu e tornou-se membro da Igreja do Evangelho Quadrangular, onde ele também começou a frequentar, chegando a se envolver com o grupo de jovens:

> Porém, eu tinha trejeitos, ideias formadas e estava muito certo do que eu sentia. Por mais que eu entendesse que essa era a minha identidade, havia uma luta dentro de mim. Mas, quando eu conheci o Evangelho, tudo começou a mudar. Depois disso, meu pai saiu da igreja Quadrangular e foi pastorear uma Assembleia de Deus.

Contudo, aos 20 anos de idade, Ricardo estava mergulhado nas drogas e na homossexualidade.

Sempre questionando seus comportamentos, internou-se em uma clínica de recuperação e comunidade terapêutica. Seus pais souberam somente após dois dias de sua internação. Na clínica, rendeu-se à terapia de grupo, e, então, começou a entender as raízes de seus comportamentos. E, durante os nove meses em que esteve lá, Ricardo era visitado por Jesus e recebia palavras, que se comprometesse e compreendesse seus processos, ele poderia ajudar muitas pessoas a entender e a ressignificar o futuro delas.

Após sair da comunidade terapêutica, mergulhou nos estudos comportamentais da causa, fazendo cursos a respeito disso em São Paulo. E à medida que aplicava os métodos para se livrar das drogas, os utilizava também para a compreensão do seu processo de sexualidade:

> Eu comecei a frequentar psicólogos e igrejas, mas as comunidades em si não entendiam, mesmo sabendo o que estava acontecendo. Meu pai nunca chegou a perguntar sobre minha sexualidade, mas perguntava sobre "drogadição". Eu já havia me relacionado com um garoto durante dois anos, e ele suspeitava, mas nunca fomos explícitos em nos expor, era tudo muito discreto.

Porém, após um tempo, o pai de Ricardo perguntou se, de fato, ele tinha um namorado, pois nunca haviam conversado a respeito disso até aquele momento. Provavelmente ouvira a respeito, mas nunca do próprio filho. Com isso, após se abrir, Ricardo percebeu que seu pai ficou sem ter o que dizer, embora suspeitasse pelo nível comportamental que evidenciava a homossexualidade do filho. E mesmo com reais conflitos existenciais, ele decidiu se firmar na Igreja. Pois realmente tivera um poderoso encontro com Jesus estando na linha de frente do grupo de jovens, mesmo vivendo um processo de solidificação de sua identidade cristã.

Assim, Ricardo iniciou uma entrega verdadeira de sua vida para o Reino de Deus e um processo de santificação radical, ficando seis anos sem nenhum contato sexual, masturbação ou relacionamentos, ainda que seus desejos fossem extremamente aflorados:

> Todos os dias eu sentia desejos e atração pelos meninos, mas todos os dias eu me "esmurrava", como dizia Paulo. Porque não aceitava o que eu estava vivendo. Teve um dia em que estava indo em uma das congregações da igreja do meu pai e, dentro do ônibus, eu comecei a chorar muito, e perguntei a Deus: "Senhor, tem seis anos que estou dentro desse processo, e por que o Senhor não retira isso de mim?". E com muito choro e temor, eu ouvia a Jesus falando dentro da minha alma: "Ricardo, o meu poder se aperfeiçoa em sua fraqueza". "Se alguém quiser vir até mim, negue-se a si mesmo e siga-me" (Lucas 9.23). E eu entendi que todos os dias sentiria esse desejo, que diariamente eu deveria escolher entre viver uma vida a partir de Cristo, de renúncias, ou viver o que eu desejava e tinha prazer. Eu chorei muito em

lembrar como o Senhor falou. Assim como estou emocionado agora em relembrar essa história. Então, fiquei entre dois pensamentos: "Já que vou sentir isso todos os dias, não irei me casar, não irei namorar, não farei nada, porque essa será a minha luta de todos os dias. Então, eu posso ser solteiro, e me dedicarei às pessoas que passaram pela drogadição e pelo abuso sexual". Foi assim que me especializei em cursos, em programação neurolinguística, em tudo o que você poderia imaginar nessa área.

Com isso, após uma sólida entrega ao Reino de Deus, a vida de Ricardo tomava rumos nunca imagináveis pela comum ótica humana. No entanto, por morar em uma cidade pequena, no interior de Minas Gerais, com o histórico de vida que possuía, o constrangimento pelos trejeitos permaneciam associados à sua imagem. Tendo esses olhares constantes sobre si, aceitou uma proposta de mudar-se para o Rio de Janeiro, para trabalhar em uma ONG em sua área profissional no Complexo da Maré. Detalhe, a ONG era do seu tio:

> Então, aquela pessoa que me abusou dos meus 10 aos 14 anos de idade, após muitos anos, me convidou para vir ao Rio de Janeiro, e agora morar em sua casa. Porém, essa pessoa estava com outros olhos agora, estava vivendo uma vida restaurada pelo Evangelho. E eu comecei a ficar perturbado, porque nunca havia falado sobre os abusos para ninguém antes. Porém, Deus me colocou na casa do meu abusador.

Após se mudar para o Rio de Janeiro, seu tio o presenteou com algo incrível: um final de semana em um retiro espiritual da Igreja Apostólica Shekinah, onde a pastora Lia Reis e o pastor Brasil exerciam paternidade poderosamente, ajudando muitas pessoas a lutarem contra seus medos e traumas.

Sim, exatamente o mesmo retiro que Tamires havia ido. E sem conhecer a trajetória de vida um do outro, se aproximaram, apenas sabendo que ambos estavam vivendo o processo de se desvencilhar da homossexualidade.

Após o retiro, Ricardo tornou-se membro dessa igreja local, que o abraçou de forma sobrenatural e extremamente amorosa, mesmo com alguns resquícios de trejeitos afeminados. Ele foi intimamente assumido e apascentado, sobretudo pela pastora Lia Reis, que teve participação fundamental na formação do caráter cristão em sua vida, exercendo literalmente o papel de mãe. Logo depois de uma sólida e séria temporada de discipulado e um radical processo de santificação através da fé em Cristo Jesus, foi levantado como líder de jovens, em que intensificou sua amizade com Tamires e, assim, acabaram tornando-se melhores amigos.

Ao longo do tempo, a afinidade fora aumentando, porém, Ricardo jamais acreditou que se interessaria por uma mulher. Até que a pastora Lia Reis, com seu instinto materno, em seu processo de discipulado, o orientou que estava na hora de viver outro nível de entrega a

Jesus, com decisões relacionadas à sua sexualidade e à vida sentimental.

Com isso, esse jovem abriu o coração e iniciou o processo de aceitação, de reconhecimento da paternidade divina, de perdoar a si mesmo, seus pais e seus abusadores. E, finalmente, apaixonou-se por Tamires, ainda que com muitos conflitos internos, pois era seu primeiro contato com uma mulher neste nível de entrega sentimental e fisiológica. Mas se sentiu seguro e preparado para as primeiras sensações de atração heterossexual:

> Deus começou a fazer um turbilhão de coisas em nossa igreja. Fizemos uma conferência sobre sexualidade e foi incrível. Então, notei que tínhamos uma afinidade que ultrapassava a amizade, e fui me abrindo para isso. Pois não pensava que algum dia eu poderia me casar e me relacionar com uma mulher abertamente. Esse sentimento foi nascendo no decorrer do tempo. Isso porque eu creio em um Deus que muda situações. Se Deus mudou a minha vida, pode mudar a vida de qualquer um. Eu digo que posso, sim, sentir desejos homossexuais, mas decidi não satisfazê-los, eu escolhi viver a vida que Deus tem para mim, e por isso eu amo o versículo de Gênesis 2.24: "Deixará seu pai e sua mãe, para se unir à sua mulher, e eles se tornarão uma só carne". E, para mim, esse versículo expressa liberdade. Além do mais, eu creio nessa história de altos e baixos, de perdas e ganhos. No meu caso, é mais de perdas, pois, nos Evangelhos, aquele que perde ganha

e quem morre vive. E há um livro chamado *Aprofundando a restauração da alma através de grupos de apoio*[2] que amo, e que traz uma frase incrível: "Você já morreu? Talvez no ponto de vista sentimental você já tenha morrido. Quantas vezes você já enterrou sua vida sentimental, quantas vezes você já morreu em sentimentos? Enquanto isso não ocorrer, o que Deus tem para realizar em sua vida não vai acontecer. Pois morrer significa parar de existir". Eu amo esse texto, provavelmente, porque eu carrego isso há muito tempo em minha vida, desde a minha época da clínica terapêutica. E todos os dias eu tenho esse convite, de sepultar meus desejos. Todos os dias eu sou chamado para entender as minhas decisões, pois eu já morri e vivo uma nova vida. Agora, sim, vivencio a restauração e a restituição. Tenho a convicção de que algumas coisas só podem acontecer em nós quando estivermos dispostos a viver o novo. Então, o processo de reprogramação da mente me ajudou muito. A fase de ressignificação, a ajuda de psicólogos, de psicanálise e de literaturas também. Porém, meus principais fundamentos e apoios foram os inúmeros gritos de socorro que fiz a Deus, e Suas promessas que foram cumpridas em minha vida. Eu amo a minha história, e amo fazer parte daquilo que o Senhor tem para mim. E se para isso eu precisasse morrer de novo, assim o faria dez mil vezes, com a mesma frase para a qual me entreguei: "Eis-me aqui, usa-me". Embora, hoje eu a narre de forma romântica, existem muitos capítulos

---

[2] KORNFIELD, David. **Aprofundando a restauração da alma através de grupos de apoio**. São Paulo: Mundo Cristão, 2008.

na minha história sobre drogas, sexo, lágrimas, perdas e *rock 'n roll*.

E assim, Ricardo conta sobre sua história. Mas agora, voltando para a história de Tamires, após os dois anos de uma radical mudança de vida, em um intenso discipulado com a pastora Lia Reis, ela foi questionada sobre sua vida sentimental, afirmando que estava orando por essa área e que Deus tinha uma história de honra preparada para ela:

> Embora tudo o que eu sempre quis foi constituir uma família, não conseguia me ver como digna de ter esse desejo atendido por nenhum homem, e muito menos acreditava que poderia ter um relacionamento heterossexual depois de tudo o que eu tinha vivido. Eu chorei muito nesse dia de discipulado com minha pastora, porque tinha medo de não ser mulher para alguém, de não conseguir sentir atração sexual por um homem. Afinal, eu sou virgem até hoje, pois minhas relações nessa área foram todas em nível homossexual. Nunca tive um parceiro masculino, até o meu casamento não fazia ideia do que era sexo normal entre um casal heterossexual, em verdade, eu tinha medo disso até pouco tempo. Precisei gerar todos os sentimentos e desejos em oração, no meu secreto com Deus. Isso porque eu acredito ser tão dependente de Deus a ponto de procurar n'Ele todas as minhas respostas.

E através do contato com a pastora Lia Reis, pela leitura bíblica e sua consagração, uma reprogramação neurolinguística foi ocorrendo, e a confiabilidade a partir do discipulado foi um importante auxílio para a solidificação de sua fé. Com isso, Tamires afirma que, através de sua entrega ao Senhor, foi possível ter sua identidade sexual reeditada. Então, foi direcionada pelo Espírito Santo a orar por sua vida sentimental:

> E já na primeira noite eu tive um sonho, em que meu pai me levava até o altar, e na hora de me entregar para o noivo eu via meu líder de jovens, o Ricardo. Chorei muito, pois não queria que fosse ele, isso porque não o via como meu marido, ele era o meu melhor amigo. Mas a oração que fiz foi "que não seja só mais um relacionamento ou só mais um casal apaixonado, que o meu casamento seja uma bomba contra o inferno, e que seja testemunho da glória de Deus em nossas vidas". Claro que não fazia ideia do que eu estava orando, nem do que isso de fato significava. Contei para a minha pastora um tempo depois, porque antes comecei a pedir a Deus que gerasse sentimentos pelo Ricardo em mim e comecei a cultivá-los, passei a olhar para ele não mais como o meu amigo, mas como o meu futuro marido.

Sendo assim, esse sentimento nasceu em ambos, ficando inevitável demonstrá-los, e as especulações dos amigos vieram à tona, entre muitos momentos de conversas, exposições e microconflitos a respeito. Finalmente, Ricardo oficialmente a pediu em namoro, e no dia 9 de abril de 2017 foram apresentados para toda a Igreja Apostólica Shekinah como um casal que logo mais se casaria. No decorrer do tempo, algumas âncoras emocionais foram acionadas, pois as marcas de uma paternidade fragilizada e a insegurança vieram à tona, o medo do novo através de um relacionamento com o sexo oposto. Entretanto, Tamires, com medo de ser traída, os inevitáveis focos de tensão e a pressão a fizeram desistir. E um dia antes de um importante jantar de casais da igreja, ela decidiu terminar tudo por insegurança e por medo de ser ferida. Porém, não estava avaliando que ele também estava vivendo seu processo, e que assim como para ela, tudo era muito novo e difícil de lidar.

Com isso, dois ex-homossexuais, um homem e uma mulher, intensos no Reino de Deus, pastores da mesma rede de jovens, se apaixonaram e compreensivelmente enfrentaram conflitos em se readaptarem fisiologicamente, e, assim, sofreram as dores do processo, mas sendo apascentados, discipulados, ensinados e amados pela igreja local. Devido à uma biografia marcada pela ativação precoce de suas sexualidades, os muitos vazios se tornaram abismos. Contudo, Cristo Jesus é especialista em transformar vales e temporadas de lágrimas em salmos, e, depois de dois anos de aproximação, términos por insegurança, restauração e santificação, Tamires e Ricardo noivaram e finalmente se casaram, em novembro de 2019. Tamires costuma dizer que o Ricardo conseguiu vê-la na escuridão, gerando um ambiente de amor, restauração, vida e devolução de honra.

Em todos estes anos, através da minha jornada ministerial no meio acadêmico, estive em contato com reais histórias do Criador transformando muitas vidas, lapidando incontáveis biografias sofridas e trazendo vitórias sobre relatos de derrotas. E é Jesus, o único especialista em reformar almas, quem convoca o Sol para brilhar nos lugares mais escuros do interior humano. Ainda que passemos por temporadas de dor, permita-se ser restaurado, assumido e amado pelo fenômeno da graça, pois só o Filho de Deus possui todo o poder para transformar suas lágrimas em salmos.

Ricardo e Tamires, 2019.

"A Graça de Deus é impactante e geralmente, encontra os homens mais improváveis e reprovados da sociedade, refinando suas histórias e transformando excluídos e sentenciados em escritores da eternidade."

capítulo 9

o lugar de domínio

A graça exerce domínio sobre o caos, fortalece o Homem arrependido, reeditando biografias sabotadas pelo engano, assim, devolvendo à humanidade o que ela jamais deveria ter perdido: o lugar de domínio, onde o Paraíso, personificado em Jardim, é nosso *habitat* natural. Logo, o plano "A" de Deus não foi criar o Homem para ter de salvá-lo, mas, de acordo com a Bíblia, para dominar a Terra em tudo o que o criacionismo gerou através do nosso mais inteligente *designer*. Obviamente, o único criativo, mesmo entre as mentes mais geniosas que já cruzaram a História da humanidade, é Deus, pois criou tudo o que existe de matéria física, no tempo e no espaço, absolutamente do zero. Depois de Deus, não temos mais seres com tamanha criatividade, mas, sim, alguns os quais eu chamo de "combinativos", aqueles que utilizaram das coisas que já haviam sido geradas pelo Criador e combinaram com outras, chamando-as de Ciência, Artes, Tecnologia e Cultura. Com isso, percebemos que Deus criou a matéria-prima para que, a partir dela, a matéria secundária fosse constituída. Exemplificarei:

> Então Deus determinou: Façamos o ser humano à nossa imagem, de acordo com a nossa semelhança. Dominem eles sobre os peixes do mar, sobre as aves do céu, sobre os grandes animais e todas as feras da terra, e sobre todos os pequenos seres viventes que se movem rente ao chão! (Gênesis 1.26)

> Sendo assim, o Senhor modelou, do solo, todos os animais selvagens e todas as aves do céu e, em seguida, os trouxe à presença do homem para ver como este os chamaria; e o nome que o homem desse a cada ser vivo, esse precisamente seria seu nome. (Gênesis 2.19)

Sendo assim, no instante em que Deus formou o Homem, o primeiro mandamento lançado sobre a humanidade foi o domínio. Provavelmente, quando os animais olhavam para Adão como imagem e semelhança do Criador, o confundiam com o próprio Deus. Isso me faz imaginar como deve ter sido a formação do Homem. A riqueza de detalhes ao criar o córtex cerebral, as artérias e as bilhões de substâncias fisiológicas que foram – e continuam sendo – liberadas em milésimos de segundos. Fico pensando como se deu a formação indescritível da habilidade de raciocínio, da cinematográfica imaginação e da fascinante moral e ética. Isso sem contar a inteligência para estudar e expandir o conhecimento da Ciência, da Tecnologia e da Literatura, além de entender todo o sistema que envolve répteis, anfíbios, invertebrados, mamíferos e plantas. Nós compomos a obra superinteligente do Criador.

Diante disso, quando me deparo com os textos bíblicos que contam a respeito da Criação, chego à conclusão de que as matérias primárias desta foram: terra e água. A partir delas, então, foram produzidas as matérias secundárias, e assim sucessivamente. Veja:

> E disse Deus: "Que a **terra** produza seres vivos segundo suas espécies: rebanhos domésticos, animais selvagens e todos os demais seres viventes da terra, cada um de acordo com sua espécie!" E assim aconteceu. Deus fez, portanto, todas as feras selvagens segundo suas espécies, os rebanhos domésticos conforme suas espécies, répteis, e todos os demais seres vivos, cada qual de acordo com sua espécie. E observou Deus que isso era bom. [...] E acrescentou Deus: "Eis que vos dou todas as plantas que nascem por toda a **terra** e produzem sementes, e todas as árvores que dão frutos com sementes: esse será o vosso alimento!". (Gênesis 1.24-29 – grifo do autor)

O Criador deu uma voz de comando à Terra, como matéria-prima: "produza". E a matéria secundária surgiu, gerando os animais e as plantas. Com isso, o óbvio é evidenciado: essa matéria primária é fonte de alimento e nutrição para a matéria secundária, e se ambas não estiverem conectadas, a segunda inevitavelmente morrerá. A planta, por exemplo, recebe os nutrientes para vida através do solo que a compõe. Porém, se a tiramos de seu lugar, ela certamente não suportará e morrerá. O mesmo aconteceria com um gado que se alimenta da terra; se o tirarmos de seu *habitat* natural e o colocarmos em um oceano, ele não sobreviverá. Isso, porque a matéria secundária se alimenta da matéria primária, e se ambos não estiverem ligados, o segundo não terá força para subsistir. Vejamos o que Gênesis 1 diz:

> E disse Deus: Produzam as **águas** abundantemente répteis de alma vivente; e voem as aves sobre a face da expansão dos céus. E Deus criou as grandes baleias, e todo réptil de alma vivente que as **águas** abundantemente produziram conforme as suas espécies, e toda ave de asas conforme a sua espécie. E viu Deus que era bom. E Deus os abençoou, dizendo: Frutificai, e multiplicai-vos, e enchei as águas nos mares; e as aves se multipliquem na terra. (Gênesis 1.20-22 – ARA – grifo do autor)

Da mesma maneira, Deus também deu voz de comando às moléculas de hidrogênio e oxigênio que, se unindo, formaram o que conhecemos como $H2O$, a água. Como matéria-prima, ordenou também: "produza". Então, a partir disso, a matéria secundária veio à existência: peixes, baleias e toda espécie de animais aquáticos. De maneira geral – obviamente sem considerá-lo como uma forma de alimento –, se tirarmos o peixe da água, que é seu *habitat* natural, ele, com certeza, deixará de viver.

Todavia, quando Deus criou o Homem, não deu ordem à terra ou à água, mas disse: "[...] Façamos o ser humano à nossa imagem, de acordo com a nossa semelhança. Dominem eles [...]" (Gênesis 1.26). Isso quer dizer que, no criacionismo, Deus tornou-se a matéria-prima da humanidade, contudo, para formar o Homem biológico, Ele utilizou como matéria secundária a terra e a água. Em outras palavras, é como se fosse entregue a Adão o privilégio de ser a continuidade de Deus. Portanto, a matéria-prima do Homem é o próprio Deus. Em primeira instância, porque Ele abençoa a terra e a água para que se tornem fontes de alimento e nutrição para nossos corpos, e, em segunda instância, porque Ele é o equilíbrio e a esperança para a alma e para o espírito. Agora, se ambos estiverem desconectados, a matéria secundária inevitavelmente morrerá. Se tirarmos Deus da humanidade, o Homem viverá eternamente em morte.

Portanto, entendemos que o plano "A" de Deus para o Homem foi o domínio. Foi por esse motivo que Ele lhe deu autoridade para nomear tudo o que veio a existir através do Criador, tornando-o gestor da Terra: "Os céus são os céus do Senhor, mas a terra, deu-a aos filhos dos homens" (Salmos 115.16).

Além disso, o homem e a mulher tinham livre acesso a Deus. Porém, por causa da desobediência que levou ao pecado, Adão perdeu o privilégio de dominar o Jardim do Éden. A sedução pelo acesso ao conhecimento o fez cair. Isso significa que a vulnerabilidade de Adão pode nos ensinar uma lição muito importante: o acesso ao conhecimento, seja ele acadêmico, científico, histórico ou filosófico, jamais poderá substituir o privilégio de sermos intimamente influenciados pelo nosso relacionamento com Deus e por Sua palavra.

Por meio dessa compreensão, optei por mergulhar na revelação de Deus a partir de Cristo Jesus, fazendo das universidades meu lugar de domínio, tornando-as em um jardim em que Deus tem livre acesso. Pois descobri que a humanidade caída não ouve ao Senhor, mas, sim, ao Homem, que exerce o domínio. Também compreendi que, ao dominar a partir de Cristo, não me torno o centro do conhecimento, apenas um reflexo encarnado do poder da graça ensandecida, transformando-me em uma ponte de acesso entre os homens ou, ainda, um tradutor do Evangelho para o Homem contemporâneo.

Isso significa que somos embaixadores do Reino de Deus na Terra, e que após a restauração da nossa verdadeira identidade com base na justificação e no processo de santificação em Jesus, precisamos assumir nosso lugar de domínio, sendo a expressão da essência dos Céus em nossas esferas de influência. Seja em nossa casa, na sociedade, nas escolas, nas universidades, nas empresas, na cultura, através da criatividade, da ciência e da sabedoria. Finalizo com o versículo de Romanos: "A própria natureza criada aguarda, com vívido anseio, que os filhos de Deus sejam revelados" (Romanos 8.19).

"O espetáculo da vida está em reconhecer que somos seres reduzidamente compostos por sentimentos vulneráveis, com características biológicas limitadas e constituídos por uma natureza corruptível. Ainda assim, compomos o cardápio da superinteligente obra do Criador."

capítulo 10

a educação é um messias social

Diante da expectativa de uma vida social relevante, que garanta dignidade e a manutenção dos direitos básicos fundamentais dos seres humanos, a educação se torna primordial para essa estabilidade social, em que, perante a lei todos, são iguais e possuem direito à vida, à liberdade, à igualdade, à segurança e à propriedade. Pois é através do ensino que as pontes para o destino da dignidade social tornam-se acessíveis, dando acesso às inúmeras oportunidades que seriam impossíveis de alcançar sem a educação. E é exatamente por isso que digo que ela é como um messias social, por possuir o poder de salvar gerações da segregação intelectual, social e existencial. Essa área do desenvolvimento que impacta diretamente a vida de todos os seres humanos, desde os mais privilegiados, em nível financeiro e intelectual, aos mais necessitados, que vivem abaixo da linha da miséria e por isso não acessam a educação da maneira a qual deveriam.

É por conta dela que os homens mais relevantes do mundo são frutos de um ensino sistemático responsável por um desenvolvimento intelectual e moral dos seres humanos. Assim, como em minha jornada, sobretudo ministerial, minha sólida entrega a Jesus em conjunto com a vida acadêmica, a qual me apresentou uma rota social de dignidade e honra. Por isso, amo exercer domínio e influência a partir de Cristo e, assim, manifestar Seu Reino inabalável em minha área de atuação. Pois sou a continuidade desse legado, me sentindo igual aos desiguais, tendo a possibilidade de concorrer a carreiras profissionais as quais apenas através do ensino seria possível conquistar.

A educação é o fenômeno de instruir, ensinar, de apontar caminhos, assim, expandindo o território das ideias em nível disciplinar, viabilizando o desenvolvimento intelectual, comportamental e social através da aprendizagem. Ela é a base do ensino nas faculdades mentais, e, por meio desse processo educativo, o conhecimento e as habilidades são transferidos para o ser humano em seu desenvolvimento cronológico social desde a infância, adolescência e a fase adulta. Sendo assim, a educação torna-se a chave que abre algemas e liberta o homem da ignorância – que etimologicamente significa falta de conhecimento e saber –, também capaz de impossibilitar o ser humano a desenvolver seu potencial máximo nas mais diversas áreas da sociedade.

Com isso, notamos sua importância ao analisarmos a educação que Moisés adquiriu, quando adotado pela filha de faraó. Embora não possuísse seu código genético, ele foi integrado e assumido como um membro legítimo da família real do Egito. Foi pedagogicamente instruído com base no apogeu educacional do império egípcio, tendo acesso aos mais elitizados mestres, doutores e escribas. Todos esses estímulos fizeram dele um profundo conhecedor de divindades, de astrologia, de idiomas, de estratégias bélicas, e um analista sobre a formação do universo, além de versado na constituição das primeiras civilizações, desde o período paleolítico, neopaleolítico ao império babilônico ou medo-persa.

Sendo assim, após quarenta anos de um extraordinário legado educacional, intensamente mergulhado na erudição religiosa, cultural, científica, filosófica e histórica da realeza, Moisés sofreu um choque de desconstrução das suas raízes pedagógicas quando descobriu sua real linhagem oriunda do judaísmo. Ao ter acesso à historicidade de seu povo, depois de ver uma injustiça cometida por um oficial egípcio, o assassinou em defesa do escravo judeu. Quando se deu conta do que havia feito, saiu daquele lugar, vivendo quarenta anos em fuga, desconstruindo-se de suas pseudorraízes egípcias. Mesmo com tamanha ruptura, não sofreu perda de seu nível intelectual, adquirido a partir de sua formação humana. Em Midiã, Moisés construiu uma nova vida quando se casou e foi visitado pelo próprio

Deus, por meio de uma sarça ardente no deserto. A partir de então, ele foi mentoriado pelo sensível e temente Jetro, seu sogro, e intimamente transformado em sua alma através dos encontros pessoais com Deus. E depois de voltar para o Egito, aos 80 anos de idade, Moisés libertou seu sofrido povo ancestral através do mover sobrenatural e de milagres. Em seguida, ele os conduziu ousadamente até o lugar da promessa e, diante dessa epopeia, utilizou o legado de sua formação educacional para fundamentar em nível escrito as leis de Deus, as quais encontramos na Bíblia. Inicia seus relatos falando sobre o criacionismo e o desenvolvimento das primeiras civilizações contidas no livro de Gênesis. Assim, expandindo a história de Deus ao narrar sobre a épica libertação de um povo diante da terra da escravidão no livro do Êxodo. Também escreveu sobre o novo legado multigeracional através das crenças judaicas e suas respectivas leis teocráticas nos livros de Levítico, Números e Deuteronômio. Com isso, o pentateuco, os cinco primeiros livros da Bíblia Sagrada, são fruto de um legado educacional, trazendo à realidade a tradução de Deus de forma escrita aos homens. Sendo assim, vemos como a educação é um importantíssimo legado capaz de expandir as possibilidades, gerar novas estratégias e desarticular o sistema das trevas pela extraordinária Luz.

Do mesmo modo que Moisés fora instruído, quando ainda era pequeno, pela filha do faraó, Maria, mãe de Jesus, O educou, ensinando-O sobre os preceitos judaicos, através da Gramática, da História, dos costumes de seu povo, as importantes leis mosaicas que deveriam ser literalmente decoradas até o Bar--mitzvah – o ritual de passagem à maioridade judaica –, representando a primeira transição da vida de um judeu, entre os 12 e 13 anos. Tanto que, em Lucas, capítulo 2, temos Jesus, aos seus 12 anos de idade, conversando com os doutores da lei, deixando-os impressionados diante da erudição e da sabedoria que carregava. Como Moisés, demonstrou o legado pedagógico que a educação judaizante promovia, além do peso de sua unção messiânica, que naquela ocasião ainda não tinha sido revelada. Portanto, o legado proporcionado a partir da educação muda mentalidades, transforma cenários e tem a capacidade de expandir a ótica humana.

Assim como Estevão, que pôde solucionar conflitos transculturais na Igreja do primeiro século, utilizando seu legado educacional para alcançar os helenistas; ou Paulo, que tinha um extraordinário e eloquente domínio cultural grego, adquirido por meio de sua formação educacional oriunda da cidade de Tarso. Sendo assim, ele transformou seu legado intelectual em cartas de manutenção da fé, reeditando mentalidades eruditas, fundamentado a fé cristã, esclarecendo doutrinas, utilizando seu legado educacional da cultura grega, da política romana e da religião judaica em tradutores do Reino de Deus.

Por conta de toda essa perspectiva é que fico bastante reflexivo sobre a formação dos profissionais de ensino, os quais, na contemporaneidade, são influenciados pela filosofia ateísta humanista, gerando um discurso de erotização infantil e sexualidade demasiada. Pois se essa mentalidade for bem articulada, inevitavelmente proporcionará uma redução do legado que nossa fé carrega, por meio de uma doutrinação ideológica com base nos ensinos pedagógicos, e, assim, tentando ridicularizar a cultura judaico-cristã através de um relativismo moral. Porém, um dos maiores legados educacionais e pedagógicos de incomparáveis transformações socioexistenciais e avanços literários de transformação de cidades, impactando de forma relevante, sobretudo a educação, a economia e o legado acadêmico, sem dúvida se deu durante a Reforma Protestante do século XV d.C. na Europa. Nesse tempo, vivia-se mudanças estruturais de mentalidades, das quais, historicamente, levaram ao período da Renascença, possibilitando a libertação dos que viveram na "idade das trevas", sendo guiados como cegos devido ao intenso nível de ignorância que a Idade Média promovia. Nessa época, a educação pedagógica pertencia apenas ao clero e à nobreza do império, sendo todo conhecimento lecionado em latim e grego, e, com isso, segregava-se os que não tinham acesso a esse modelo de ensino, como os servos ou a plebe. Sendo que os servos viveram entre os mais altos índices registrados de analfabetos na História da humanidade.

Para termos noção do nível de importância que

esse movimento ocasionou, sobretudo na Alemanha, no dia 31 de outubro de 1517, em que Martinho Lutero pregou 95 teses contra as indulgências na Catedral de Wittenberg – depois desse ato de protesto –, foi que pela primeira vez as Escrituras Sagradas tinham sido traduzidas para o idioma alemão. Assim, abriu-se a possibilidade para que o homem comum da época tivesse acesso à Palavra de Deus, e, através da escrita, isso lhes deu motivação para mergulharem na educação, aprendendo a ler e sendo instruídos pedagogicamente pela leitura bíblica. A Reforma Protestante na Alemanha foi tão significativa que trouxe correções à gramática alemã, e como eu digo, pôde fazer da educação um messias social. O mesmo aconteceu na França e em Genebra, na Suíça, pela liderança de João Calvino, um extraordinário jovem que, com apenas 26 anos de idade, já havia escrito os mais importantes livros que fundamentavam a reforma nessas regiões, fazendo dos locais mais miseráveis da Europa de sua época celeiros de prosperidade e uma das maiores maquetes do Reino de Deus na Terra. A partir de então, vemos um significativo aumento do nível educacional da população, gerando uma elevação intelectual por meio do processo em que suas habilidades se desenvolviam através de seu exercício contínuo.

Assim, no decorrer do tempo, o conhecimento se tornou acessível a uma maior camada da população, possibilitando o acesso aos centros acadêmicos.

Com isso, as universidades tornaram-se o berço do conhecimento empírico. Das 10 universidades que mais capacitaram ganhadores do Prêmio Nobel[1], surpreendentemente, boa parte possui raízes judaico--cristãs. Tanto é verdade que as instituições que são consideradas as melhores de todo o mundo foram fundadas por cristãos, inicialmente, para uma formação religiosa. O que só comprova o fato que fé não é impedimento para o desenvolvimento científico, como alguns alegam. Por exemplo, a renomada Universidade de Harvard, foi fundada no século XVII pelo governo dos Estados Unidos para a formação de pastores puritanos.[2] No século seguinte, a Universidade de Princeton foi instituída por sete presbiterianos, em decorrência de um seminário teológico presbiteriano criado pelo pastor William Tennent. Já a Universidade de Stanford foi fundada no século XIX, por um casal que possuía sólidos princípios de fé protestante. Hoje em dia são realizados cultos na Igreja Memorial de Stanford, que fica dentro do próprio *campus*. Assim como as famosas universidades inglesas, Oxford e Cambridge, também tiveram suas bases vinculadas à Igreja. Poderíamos discorrer por horas sobre tantas

---

[1] **10 universidades com mais prêmios Nobel desde 2000**. Portal Forbes, 2017. Disponível em *https://forbes.com.br/listas/2017/10/10-universidades-com-mais-premios-nobel-desde-2000/*. Acesso em dezembro de 2019.

[2] Artigo de Fábio Bittencourt publicado pelo *blog* Comshalom em 04/10/2015. Disponível em *https://blog.comshalom.org/carmadelio/tag/verdade/page/2/*. Acesso em dezembro de 2019.

outras instituições acadêmicas de relevância e que possuem suas raízes no cristianismo.

No entanto, algo que não se pode negar é o fato de a educação ser uma importante área da formação humana, e que ela está intimamente conectada à compreensão espiritual. Desde o início das civilizações, as diversas e incontáveis etnias e religiões evidenciavam seus ritos e expressões sacras com base em seus respectivos registros escritos. Com seus pedagógicos sacerdotes ou mestres, ensinavam suas literaturas sacras, entendendo que o ato da leitura é uma evidência intelectual. Sendo assim, os Céus e o Inferno sabem da importância que a educação possui em seus respectivos níveis do saber e, quando essa área de influência social está sob o governo das trevas, a possibilidade de uma geração inteira se perder é inevitável.

Portanto, minha principal reflexão apoia-se na preocupação da presente e da futura gerações de professores, que influenciam diretamente na formação pedagógica, social e, hoje, sexual das crianças e dos adolescentes de diversas nações do mundo. Diante de uma temporada embasada em um comportamento ateísta humanista, em que os seres humanos são capazes de ignorar a fé, em que o contato com o divino os conduz por uma via moral e íntegra, uma crescente massa midiática começou a defender essa corrente filosófica no Brasil. O Congresso Nacional, a mídia e as artes começaram a popularizar a teoria

Queer, que influencia diretamente na orientação e na formação da identidade sexual, afirmando que elas são resultado de uma construção social, portanto, não são biologicamente inscritas na sua natureza humana. Ou seja, são desenvolvidas ao longo da trajetória de vida de cada um. Por meio da ideologia de gênero, nosso país começou a se espelhar em tudo o que já estava acontecendo na América do Norte e na Europa.

Infelizmente, nos currículos de formação de nossos professores encontramos mais debates sobre identidade de gênero e diversidade sexual do que questões metodológicas em relação ao ensino. Os atuais educadores são a continuidade de uma cultura secularista, intelectualmente ateísta, com grande poder de influência e convencimento das presentes gerações de alunos. Nas escolas, assuntos dessa ordem tornaram--se temas de caráter emergente, sendo patrocinados pela massa midiática, que ganhou notoriedade na última década. Isso acontece principalmente quando se trata de militantes e adeptos a essas ideologias fundamentadas em filosofias ateístas humanistas, que encontraram na educação uma forma estratégica de disseminarem uma iminente guerra cultural, com chavões de resistência, expressões de repúdios e doutrinações que vão além da base curricular desses estudantes.

Por fim, como mencionei no início deste livro, estamos no apogeu da tecnologia digital, mas na idade da pedra da sensibilidade espiritual, portanto, o homem contemporâneo passou por transformações e, assim como ele, tudo ao seu redor se adaptou. O mundo está mudado e, da mesma forma, o Brasil se modificou em detrimento dessas transformações. Tanto é verdade que os intelectuais não estão sentados nos nossos templos, nas nossas igrejas. Pelo contrário, infelizmente estão nos shows que patrocinam a erotização infantil com base no marxismo cultural, enfraquecendo as instituições e os valores tradicionais. Os que deveriam estar preocupados na defesa da criança e do adolescente, lutando por essa causa, na realidade fomentam o inverso. Porém, o Senhor Todo Poderoso tem preservado a oração dos nossos pais na fé, despertando os remanescentes, aqueles que permanecem fiéis ao Senhor mantendo os princípios do Reino de Deus por onde vão. Com isso, um intenso avivamento nos *campi* universitários está acontecendo neste exato momento, por meio daqueles que assumem seu lugar de influência, reconhecendo o papel que a educação exerce sobre a vida de cada indivíduo.

Através da graça ensandecida, que é suficientemente capaz de destruir muralhas e transformar mentalidades, poderemos alcançar o mais profundo do interior humano. No entanto, se não tivermos a perspectiva de que somos seus colaboradores e de que temos de dar continuidade a esse primeiro encontro com o Criador, nosso trabalho será muito mais desgastante. Entenda que precisamos nos desenvolver e nos capacitar em conhecimento acadêmico. Sem isso, as chances de acessar essas pessoas na mesma linguagem são igualadas a zero.

E é por isso que minha oração, nos últimos cinco anos, é que aconteça um real e verdadeiro despertamento e ativação dos jovens desta geração, tementes a Deus e agentes do Reino dos Céus em seus territórios acadêmicos. Assim, a principal missão deles será ensinar os princípios do Senhor para a sociedade em que vivem, por meio de um legado educacional, tornando-se professores de Língua Portuguesa, Geografia, Ciências, Matemática, História, Filosofia, Sociologia, Física, Química e tantas outras disciplinas. Dessa forma, exercerão um lugar de domínio na profissão mais importante da Terra, que inevitavelmente é a matéria--prima de todas as demais profissões: o professor, aquele que ensina. Pois a educação é um extraordinário messias social.

Este livro foi produzido em Adobe Garamond Pro 12 e
impresso pela Gráfica Promove sobre papel Pólen Soft 70g
para a Editora Quatro Ventos em dezembro de 2019.